歴史文化ライブラリー

416

タネをまく縄文人

最新科学が覆す農耕の起源

小畑弘己

吉川弘文館

目　次

想定外の発見——プロローグ

コクゾウムシの意味

本書に頻繁に登場する「コクゾウムシ」、何言おう、本書の重要な主人公である。こいつを主人公に抜擢したその理由についてまず述べてみたい。

そもそも今では「コクゾウムシ（穀象虫）」なるものをご存じない方がほとんどであろう。大学の授業や高校での出前授業で、「コクゾウムシを知っている人？」とたずねても、手を挙げる学生や生徒の数はわずかであり、またその数も年ごとに減っている。少々やりづらい。

「コクゾウムシ」とは、米櫃《こめびつ》の中に湧く、黒くて体長三〜四ミリほどの象の鼻のような長い口をもつゾウムシの一種であり、学名を *Sitophilus zeamais* MOTSCHULSKY という、いわゆる米喰いムシである。米粒に卵を産みつけ、成虫になって米粒から出てくる。米を食べ、その繁殖力は並大抵ではない。一年間で雌雄一対が二〇〇〇〇匹に達するという記録もある。筆者も、学生時代に学食で今日はヒジキご飯かとぬか喜びし、こいつが入っていて面食らった経験がある。昔は結構いろいろなところで見かけたが、最近ではすっかりお目にかからなくなってしまった。

でも、米喰いムシなら、縄文時代じゃなく、弥生時代じゃないかという、賢明な読者の方もいらっしゃるであろう。しかし、最近こいつが縄文時代の遺跡からたくさん見つかり始めたのである。まさに米櫃に湧くように、たくさん……。その理由は本文を読んでいただきたいが、このような不思議な発見がまだまだ考古学の世界にはあること、そしてそれらを見つけ出したのは「圧痕《あっこん》法」と呼ばれるきわめて特異な手法であること、それらをすべて象徴するのが、この「コクゾウムシ」なのである。本書で展開する他の話も、この「コクゾウムシ」と同じ意味をもつ。従来の固定観念では理解できないようなことが、新しい見方や手法によって明らかになってきた、というのが本書の大意である。

もちろん、縄文人という言葉も、研究者によっては抵抗があろう。縄文人なる集団はどこにも存在しないからである。ここでいう「縄文人」とは縄文文化をもつ地域に暮らした人々という意味以上のものはない。ある意味、「日本人」という概念に似ているかもしれない。ただし、「縄文時代の人々」と呼ぶのは長いので、学術的厳密性よりイメージを優先して「縄文人」と呼ぶことにした。

実をいうと、筆者は縄文時代を専門に研究しているわけではない。縄文土器や土偶の専門的な知識はほとんどもち合わせていない。そして縄文時代遺跡が多くあり、縄文文化研究が盛んな、東日本や東北日本に住んでそれらをテーマにしているわけでもない。ただし、縄文時代遺跡の発掘経験もわずかではあるがもっているし、石器を専門としていたことから、縄文時代の石器について研究したこともある。しかし、その程度のものが縄文時代について語れるのか、と不安になった読者の方もいらっしゃるであろうが、研究の中心にあっては見えないもの、気づかないものが、周辺から見えることがある。また、専門家ではないため、「当たり前」が当たり前に思えず、素朴な疑問を抱き、それが結果的にいくつかの新しい発見につながった。

実際、筆者のここまでの経験は、筆身自身が驚く、いわば「想定外の発見」に支えられている。まさに、科学の世界でよくいわれる、「常識の中にいては新たな発見はない」の体験版である。

農耕の証明

本書に通底するもう一つの隠れたテーマは、狩猟採集社会や牧畜社会の「農耕」の証明である。「農耕」の定義は非常に複雑であり、厳密に使用するとイメージを損ねるため、そのまま使用している。教科書で習った、縄文時代は狩猟採集社会であり、弥生時代以降に農耕社会へ突入するという「常識」は、本書では「非常識」と考えている。その象徴の一つが「ダイズ」である。ダイズは弥生時代に稲作とともに中国大陸から渡ってきた作物と、つい最近まで農学や考古学で信じられてきたものである。しかし、これを縄文人たちがおよそ六〇〇〇〜七〇〇〇年前に栽培し始め、しかもそれは中部高地や西関東という、東日本で始まっていたのである。さらに、縄文人たちの植物栽培はより古い時代にさかのぼる可能性もでてきた。

また、この視点に立って、現在、遊牧民の舞台であるモンゴル高原での「農耕」の歴史を追究している。縄文時代とはまったく関係ないが、「ない」と常識的に考えられているものに、「新たな手法や視点」をもってチャレンジするという意味では、縄文時代の農耕の場合とまったく同じ研究姿勢である。

このような視点に気づかせてくれたのが「コクゾウムシ」である。ただし、ここで述べたことはそのほとんどが、学界では「非常識」で、まだ「常識」へと昇華していない。つまり、研究途上のものばかりであり、結論めいたことを出せていない。疑問ばかりが残って、はなはだ心もとない。よくそのような中途半端な状態で登場できたなと、お叱りも受けよう。しかし、この筆者の興奮と感動をぜひ伝えたくて、執筆をお引き受けした。

ただし、この筆者の興奮と何か変わるぞという予感は、おそらく五年後、一〇年後に学説として定着し、新たな縄文時代観となるのではと、おぼろげな自信をもっている。学生諸子や若い研究者の方にぜひこの感動と興奮を伝え、筆者の「常識」を打ち破るさらなる「非常識」を見つけていただきたいと願うばかりである。

ダイズと縄文人

縄文ダイズの発見と立証

日本の在来マメ

二〇〇三年の統計によると、穀物は世界で一八億トンという膨大な量が栽培されており、この中でダイズは約二億トンである。これは年々増加傾向にある。世界で生産されているマメのほとんどはダイズで、その次に作られているのはインゲン、エンドウマメ、ヒヨコマメであるが、すべて合わせてもダイズの三分の一ほどの量にしかすぎない。

現在ではアメリカや南米、中米などで大量に作られているダイズであるが、もともとはアジアのモンゴロイドたちの食べ物であった。ダイズは、ビールに欠かせない枝豆のようにそのまま食べても美味しいが、伝統的なダイズ食品には、醤油をはじめ、納豆、豆腐、味噌汁の味噌などがあり、味噌汁に入っているあげも豆腐から作られている。また牛を育てる飼料としてもダイズは使用されているので、私たちはたくさんのダイズを知らず知らずのうちに消費していることになる。実はこのダイズが縄文時代から栽培されたことが最近わかってきた。

マメ科植物には二万種にも及ぶ非常にたくさんの種類があるが、世界で栽培されている八〇種のマメ科植物のうち、私たちが食用として利用しているのはおそらく一〇種類ほどである。そのうち、東アジアに起源地をもつものはダイズ（*Glycine max*）とアズキ（*Vigna angularis* var. *angularis*）、リョクトウ（*Vigna radiate*）である。考古遺跡から出土する縄文時代〜中世のマメと考えられるのはダイズとアズキ、ササゲ（*Vigna unguiculata*）、リョクトウに限られ、その他のマメは近世末以降に日本にもたらされたもので、インゲンやベニバナインゲン、ライマメ、エンドウマメは江戸時代末から明治時代の初めに日本に入ってきたものである。ササゲはアフリカ起源で古代（九世紀）以降に、リョクトウはインド中北部起源で中世（一四世紀）以降にもたらされた可能性が高いことから、縄文時代〜古墳時代の栽培マメはダイズとアズキのみを考えればよい。この二種は日本列島にも野生種が自生していることから、遺跡出土のマメ類には、野生種であるツルマメ（*Glycine soja*）とヤブツルアズキ（*Vigna angularis* var. *nipponensis*）が含まれる可能性がある。よって、これらを区別することは列島での栽培化もしくは栽培種の流入時期を決定する重要な手がかりとなる。

圧痕法が見つけた縄文ダイズ

最近の我が国における古民族植物学（Palaeoethnobotany＝遺跡から出土する植物遺存体の分析を通じて、過去の人間と植物の関係史を研究する分野。植物考古学ともいわれることがあるが、若干定義が異なる）の調査成果は、ダイズやアズキが縄文時代に栽培化したことを明らかにした。筆者らは、二〇〇七年十一月、長崎県島原市大野原《おおのばる》遺跡から出土した縄文時代後期中頃の太郎迫《たろうざこ》式土器の底部内面から検出した、カキの種子のような大きく扁平な圧痕《あっこん》がダイズであると発表した。それまでダイズは、農学や考古学においても、その起源地は東北アジアにあり、それが弥生時代になって稲作とともにやってきたと考えられていた。

　このカキの種子のような扁平な圧痕がダイズであることを明らかにできたきっかけを作ってくれたのは、株式会社パレオ・ラボの佐々木由香氏である。佐々木氏が二〇〇七年一月に熊本大学を訪れた際、それまで種不明のイネ科種子と考えられてきた「ワクド石タイプ圧痕」（図1下中）をササゲ属の種子のヘソではないかと述べたことに始まる。この「ワクド石タイプ圧痕」は熊本県菊池市にあるワクド石遺跡で初めて確認され、熊本県を中心とした縄文時代後晩期の遺跡一〇ヵ所ほどから発見されていた。私は、すぐにその前年に調査した長崎県大野原遺跡のカキの種子状圧痕（図1上左）を思い出した。そのレプリカをよく観察してみると、その側面にたしかにワクド石タイプと同じヘソのような部分

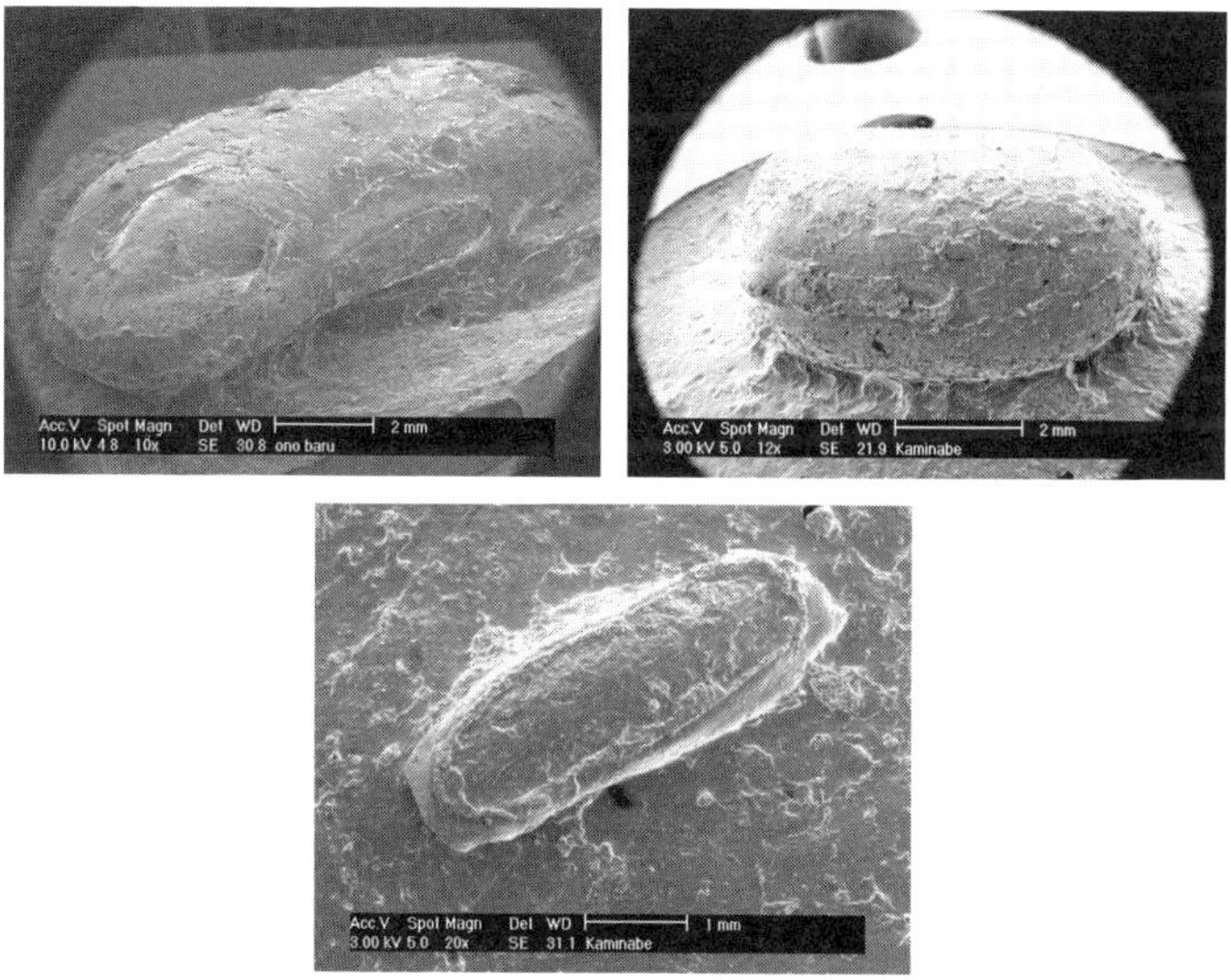

図1　大野原遺跡のダイズ圧痕（上左）と上南部遺跡出土のワクド石タイプ圧痕（下中）とアズキ圧痕（上右）のレプリカSEM画像

が認められた。そこで、このカキの種子状圧痕はマメの一種であると予測した。佐々木氏が帰った後、穀物屋からありったけの種類のマメを買ってきて、ヘソの形を見比べてみると、ワクド石タイプのような、長さ四～五ミリの長楕円形で、周囲が土手状に盛り上がり、中央に細い縦溝があるヘソはダイズにしかないことがわかった。ダイズの祖先種であるツルマメも入手して観察すると、サイズは小さいが同じ形のヘソがあることを確認できた。これはダイズの仲間に違いないと思ったが確信はなかった。私のダイズのイメージは丸く黄色いダイズであり、長くても枝豆サイズ止まりであったからである。あれこれ悩んでいると、佐々木氏が東北地方で栽培されている、クラカケやクロヒラマメなどと呼ばれる、扁平なクロマメがあることを教えてくれた。ただ、これを見ても、やはりあのカキの種子のイメージとは違う。そこで思いだしたのが、煮豆のように、マメは水分を吸うと膨張するということであった。購入したマメをすべて水に浸けて膨らませると、なんと、ダイズ属の種子だけが縦方向の伸び率が幅や厚さのそれにくらべ格段に大きいことがわかった。水を十分に吸って膨潤したクロヒラマメの姿は、サイズこそ大きいものの、そのプロポーションは大野原遺跡のカキの種子状圧痕と瓜二つであった（図2下段右参照）。

謎が氷解した。あの「カキの種子」は土器の粘土中に入り込んだ扁平なダイズの種子が粘土の水分を吸って膨張し、変形したものであったのである。この膨潤状態と思われる圧痕ダイズを乾燥状態に復元した場合でも長さが一チセン《センチ》を超えており、野生のツルマメのサイズを大きく上回っていた。栽培されたダイズであると確信し、熊本大学発見のダイズならぬ「クマダイ」と名づけ、世に送り出した。奇しくもこの発見のきっかけとなった大野原遺跡のある島原半島は、昭和三十年代に縄文後晩期農耕論の舞台として注目されたところであり、私の故郷でもある。

その後、この縄文土器に残されたダイズ圧痕は、中部地方や西関東地方に飛び火し、ダ

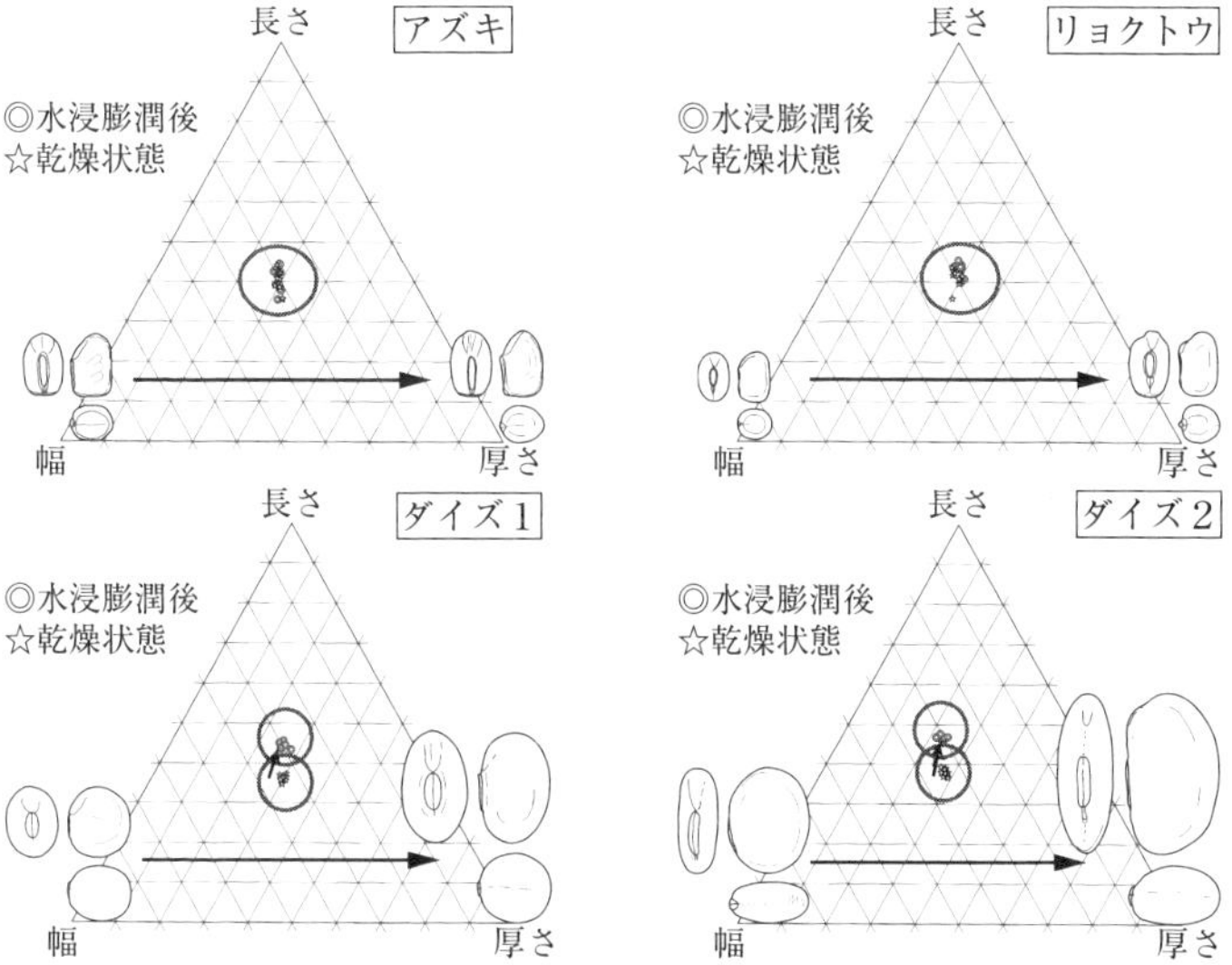

図２　現生乾燥マメの膨潤後のプロポーション変化グラフ

イズがアズキとともにこれら地域に起源をもつ栽培植物であることが判明した。この発見はダイズやアズキの起源に関する従来の通説を否定したばかりでなく、それまで確実な証拠がなかった縄文時代の栽培植物を具体例をもって立証したもので、縄文農耕論にも一石を投じることになった。読者の方も驚かれるかもしれないが、意外にも、このような重大な発見もつい最近の出来事であったのである。実は、それまでにもダイズ属の炭化種子はすでに発見されていたし、土器の表面にあるまさに豆粒ほどの穴（種実圧痕としてはきわめて大きい部類に入る）もそれまで誰しもが見ていたものである。しかし、誰も、それらをダイズやアズキだとは思わず、またそう思っても立証できなかったのである。これは「見ようとしなければ何も見えない」という、資料学の怖さと面白さを物語っている事例といえよう。

マメ類の同定法

炭化したタネはマメ科に限らず同定がきわめて難しいものである。その手がかりはマメ類の場合、莢《さや》の珠柄《しゅへい》につく部分であるヘソの形態と大きさ、位置が決め手となる。これ以外に、子葉の間にある初生葉《しょせいよう》と幼根《ようこん》の形態とその位置も種同定の参考となる。しかし、圧痕の場合、子葉内部の構造は復元できないので、いきおい外部の形態的特徴が手掛かりとなる。全体的なプロポーションも同定の手掛かりとなるが、決め手は、ヘソの構造と形である（図3）。ヘソの形態はダイズ属とその他の属では大きく異なり、ダイズ属が厚膜《あつまく》（epihilum）をもたない「露出タイプ」であるのに対し、他の属は厚膜がヘソの上を覆い、ヘソ自体が窪む「厚膜タイプ」である。この「露出タイプ」のヘソは「ワクド石タイプ圧痕」と同じ形をしている。また「厚膜タイプ」のヘソの窪みは内部の子葉側面にも及んでおり、外皮やヘソがない炭化資料や圧痕資料でも、アズキやリョクトウをその窪みの位置から区別する手がかりともなる。

さらに注意せねばならないのは、資料の変形である。炭化種子や土器圧痕種子は考古資料であるため必ず変形を受けている。炭化種子は火を受けることで全体が縮小し、その比

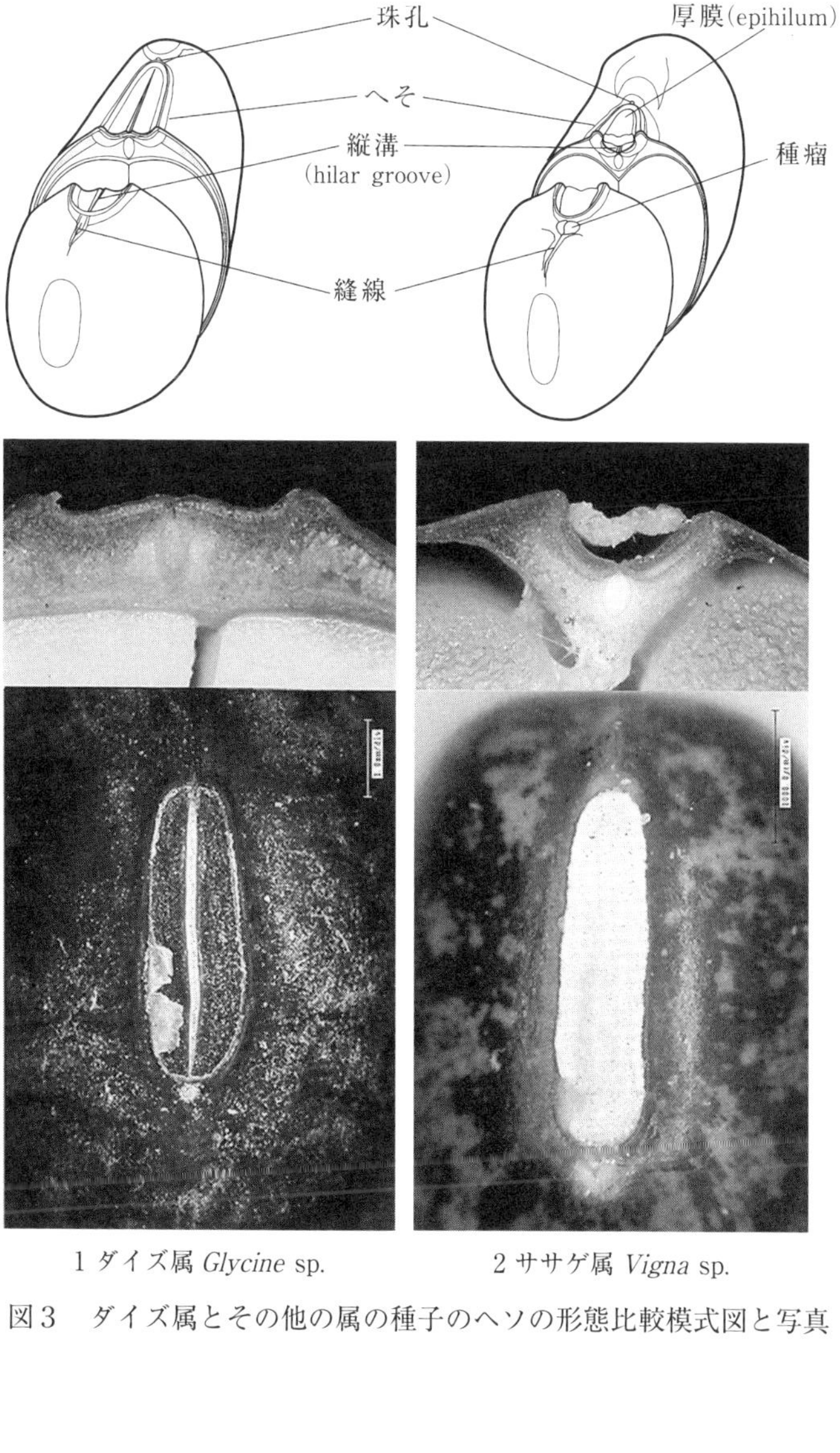

1 ダイズ属 *Glycine* sp.　　2 ササゲ属 *Vigna* sp.

図３　ダイズ属とその他の属の種子のヘソの形態比較模式図と写真

率は長さ（長軸）と幅（短軸）で異なりを見せている。長さの場合一〇〜二〇％縮小し、幅は一〇％ほど縮小する。また、先に述べたように、土器圧痕種子も土器内部の水分を吸って拡張し、土器の乾燥・焼成による縮小という複雑な変形過程をとる。この水分による膨張はマメの種類によって長さ・幅の変形比率が異なり、ダイズは長さが幅に比べて二〇％ほど大きく拡張する傾向があり、他種のマメ種子との違いを見せている。栽培化の徴候の一つである「種子の大型化」を証明するためには、現代の栽培種や野生種と比較するために、「炭化」や「土器圧痕」などの資料の質を超えてマメ種子自体の形態・サイズを復元する必要がある。上記の変形率はその復元にきわめて重要な指数となる。

種子に見る栽培の痕跡

人間による食料生産のための植物に関与する行為を「栽培（Cultivation）」といい、それに対応した植物側の遺伝的変化を「栽培化（Domestication）」という。これは日本考古学では少し違う定義となっており、植物が栽培されるようになることを「栽培化」と呼んでいるようであり、若干意味合いが異なる。

また、この栽培によって植物上に現れる性質・形質は「栽培化徴候群（Domestication syndromes）」といわれることもある。その内容は植物ごとに異なるが、主なものに、以下のような種類がある。

①種子の自然散布の喪失または減少（イネ科植物の脱粒性・マメの莢の裂開性の喪失）

②休眠性の喪失（土中に播種すると季節に関係なくすぐに発芽する）
③種子の大型化（タネが太く大きくなる）

これ以外に、登熟期が同じになる、毒性や匂いがなくなるなどの性質も栽培による植物の変化である。キュウリはもともと苦いものであるが、これは害虫から身を守るための防衛策であり、野性のマメ類などが種実の登熟期を不揃いにするのも鳥や虫に食べつくされないための戦略である。考古資料では、登熟期や毒性や匂いなどは判断できない。よって、①～③が考古資料（種実遺体）で検討できる栽培化徴候群なのである。

①はイネ科種子の場合、種子が穂軸から外れにくい性質（non-shattering）であり、マメ科種子の場合、莢が自然に裂開しない性質である。しかしこの徴候は、多くは、考古学的資料には可視化しにくいものである上、リョクトウやキマメ（*Cajanus cajan*）では莢が自然に裂開する場合があり、絶対的なものではない。さらにこのような特徴を示す莢自体が遺跡からはほとんど発見されていないという欠点がある。②はマメ科種子の場合、種皮の変化と関連しており、種皮の厚さの減少は栽培化の手がかりとなるが、土器圧痕種子では計測不可能であるし、炭化種子の場合にも種皮はきわめて残りにくい。よって、一般に③のみがマメ科植物にとって考古学的に可視化できる徴候といえる。

我が国の縄文時代のダイズは扁平な形状が特徴的で、縄文時代中期（約五〇〇〇年前）

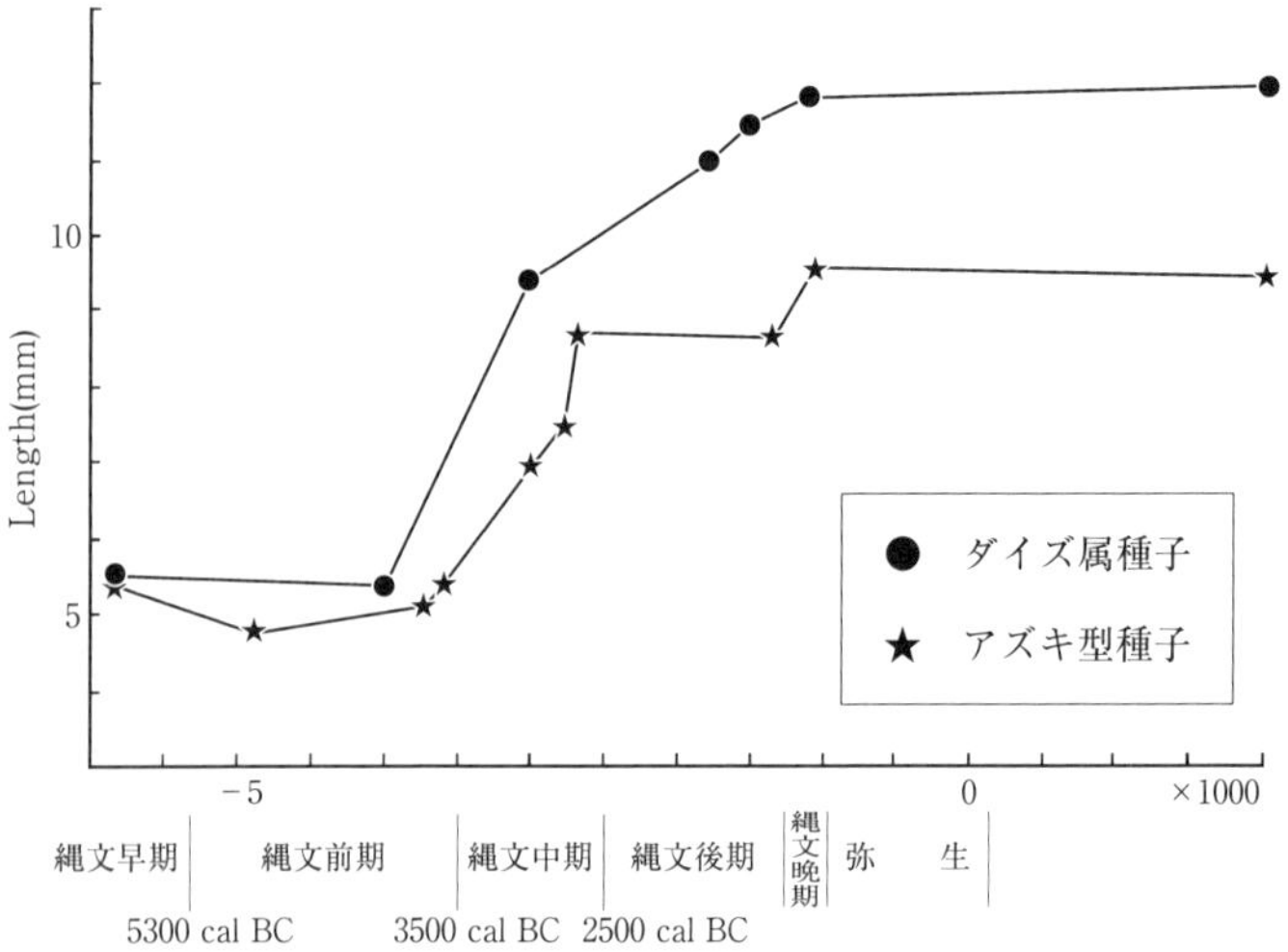

図4　縄文時代から古墳時代のマメ類の長さの変化グラフ

には祖先種であるツルマメのサイズを超えている。また、アズキ型種子の場合もほぼ同時期に種子の大型化が見られる(図4)。

マメ類栽培化のプロセス

栽培植物に種の遺伝的・形態的変異を引き起こす選択には、自然選択と人為的選択の二つがあり、後者には、種子を選び、まくなどの行為である「方法的選択」と、行為とは無関係に選択が働く「無意識的選択」がある。栽培植物の成立に関わる選択の主役は「無意識的選択」と考えられている。

最近の遺伝子研究に基づいた農学・植物学研究は、アズキやダイズに栽培型と野生型の中間型(雑草型)が存在することを明らかにしている。伐採地や荒れ地などの攪乱《かくらん》（自然状態が人によって改変されること）環境で発芽したツルアズキは生育当初は草型であるが、後に環境が藪《やぶ》に変化するとツル性へと成長型を変化させる。これは栽培型が短期で種子に栄養を集める戦略をとるのに対し、環境の変化にともない、ツルに栄養を送り長い期間にわたって種子を生産するという戦略に変化したものと考えられている。このような中間型の存在は、人間の嗜好性に基づく選択的な種子の保存と播種行為という農耕の概念とは異なり、そのような意図的行為がなくても、一旦攪乱環境が発生し、その環境の中で選択的に人によって採集が続けられれば、栽培化（種子の大型化・脱粒性の喪失）は起こりうるという説の根拠となっている。これは、いわば無意識的選択による栽培化の発生論である。

しかし、最近の古民族植物学研究によると、栽培化はむしろ人為的な種子の選択・播種によって進行したと考えられている（図5）。マメ類の自然裂莢《れっきょうせい》性の喪失には収穫法が大きく関わっている。収穫のため、莢を摘んだり、根ごと引き抜く行為は、種子が落ちにくい非裂莢性の個体（遺伝子）が高率で回収されることにつながり、それらを貯蔵して次の年にまく行為は、野生の裂莢性の性質を減少させる方向へ作用する。これらの行為はまだ無意識的選択の範疇に含まれる。しかし、種子の大型化には、加工作業による選択（篩《ふるい》・簸掛《みがけ》）、耕作による競合種の排除（鍬《くわ》による深耕、耕作地の造成・野生種との隔離）、播

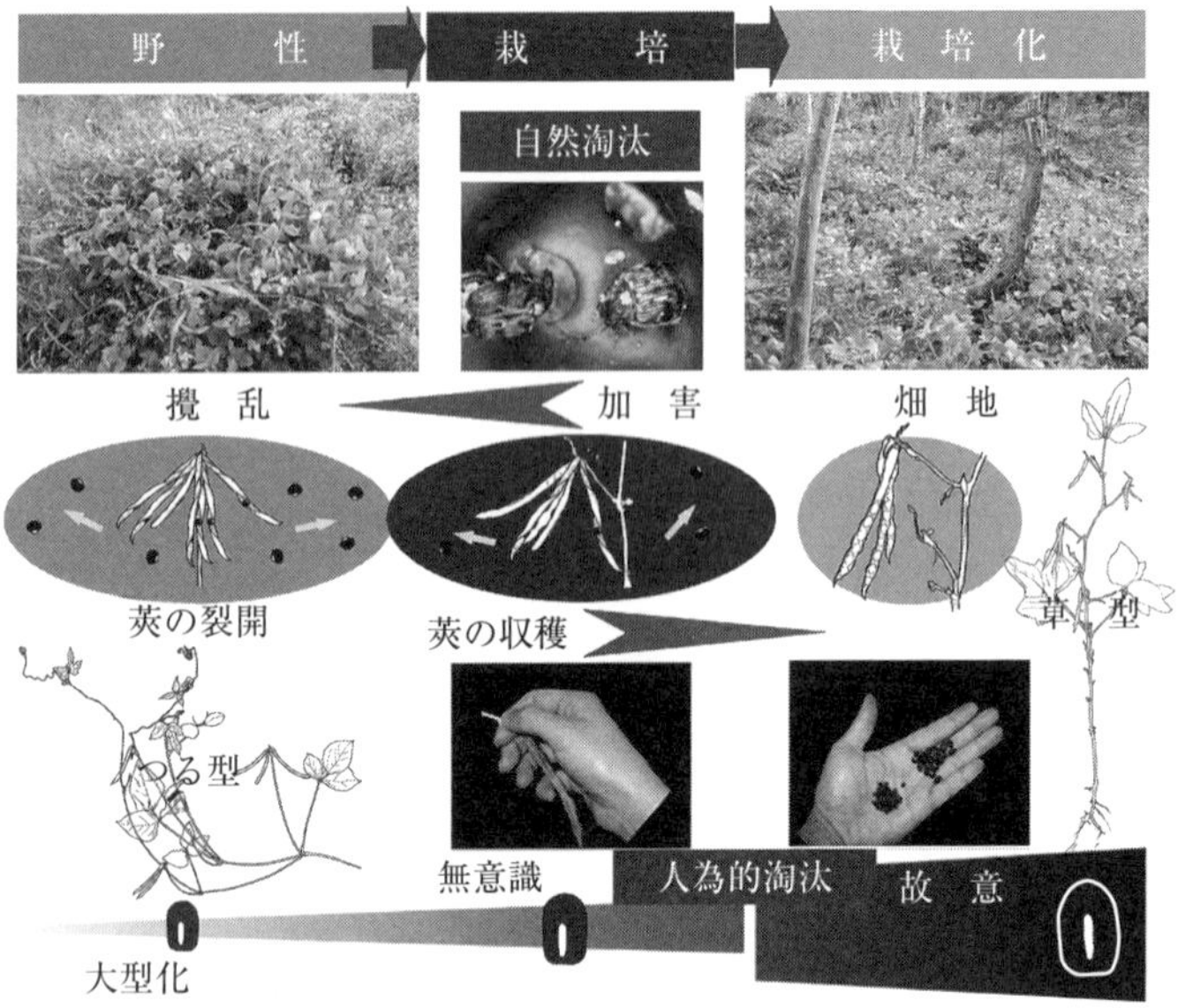

図5　アズキに見る栽培化徴候群の発生メカニズムのモデル図

種による発芽の促進などの行為が大きく影響を与えるという。これはすでに方法的選択である。

このような種子の休眠性や莢の裂開性の欠如という栽培化の徴候は、確率上では、自然突然変異率10^{-5}～10^{-6}程度の変異があれば、播種と収穫という繰り返しのもとで十数代～二〇世代の内に集団の大多数を占めるようになることがあるという。また、実験的にイネ科種子を新しい土地に播種し、野生種から分離し、鎌を使用し熟した種子を収穫すると、非脱粒性の遺伝子型は二〇～一〇〇年で集団中で優占すると推定されている。

しかし、実際の考古学的な証拠から見ると、その進化の過程は非常に遅いことがわかっている。西南アジアのムギ類や中国南部のイネにおいては、まず種子の大型化が起こり、その次に非脱粒性の穂軸の増加が起こる。そして初期の種子の大型化は栽培行為の最初の数世紀（五〇〇〜一〇〇〇年間）で発生するが、非脱粒性の成立には一〇〇〇〜二〇〇〇年ほどがかかることが証明されている。マメ類の場合、裂莢性の喪失は考古学的に証明できないが、種子の大型化に関しては、南インドにおけるリョクトウの場合、最初の栽培行為から一〇〇〇〜二〇〇〇年遅れる紀元前二〇〇〇年紀末から紀元前一〇〇〇年紀の鉄器時代開始以降であるという。これは耕作法の違いを反映しており、鋤《すき》による深耕の開始とともに種子は大型化するという。また、近東のレンズマメやエンドウの場合も種子の大型化は鋤《すき》の出現する青銅器時代後期以降であり、栽培行為の開始から三〇〇〇〜四〇〇〇年遅れている。このような種子の大型化以前の段階は、完全な栽培化に至らない（栽培化徴候群が現れない）栽培行為（Pre-domestication cultivation）段階と概念づけられる。つまり遺跡出土の種子サンプルの中に耕地雑草の種子が存在する（栽培は行われている）にもかかわらず、種子の大きさや穂軸の形状は野生種と変わらない段階である。この段階の耕作行為には、石刃鎌などの収穫具や石臼などの加工具という考古学的資料は連動しておらず、これら遺物をもって耕作行為の有無を議論できないことには注意を要する。

縄文時代のダイズとアズキの場合、種子の大型化は中期には認められることから、それ以前にすでに意図的な耕作行為が発生していた可能性が高い。縄文ダイズ「クマダイ」はこれまで遺伝子学で想定されていた日本起源のダイズの存在を考古学的に証明したものと評価できる。

以上より、先史時代の東北アジアにおけるダイズとアズキの栽培化起源地の一つが日本列島であったことはほぼ間違いない。先に述べた古民族植物学の理論的進化は、その栽培化の時期の遡及、つまり種子の大型化現象が認められる以前にすでに栽培行為が開始されていた可能性を示唆している。よって、今後は種子のみでなく、耕作雑草などの検出に努め、この完全な栽培化に至らない栽培行為の段階が縄文前期以前に存在したこと、そしてそれがどこまで遡及するのかを古民族植物学的方法によって立証・追究する必要がある。

列島のマメ栽培と拡散

ダイズの大型化と栽培の広がり

北陸地方・中部地方・西関東地方のダイズやアズキの圧痕《あっこん》のサイズから見て、縄文時代中期に大型化することから、縄文時代の前期には栽培が開始されていたようである。そして、縄文時代中期末にはこれら地域で遺跡数が激減するため、ダイズやアズキの栽培が次第に西日本の方へ拡散していく様子をうかがうことができる。我が国で最も古いダイズ属の資料は、宮崎県王子山《おうじやま》遺跡から発見された約一万三〇〇〇年前のツルマメの圧痕である（図6）。その次に古いダイズ圧痕は、佐賀県東名《ひがしみょう》遺跡の例、およそ八〇〇〇年前の圧痕である（図41―2）。これもサイズから見てまだ野生段階のものであったと考えられる。九州地方の縄文人たちが野生のツルマメを利用するのはきわめて早かったが、その後縄文時代後期になるまで栽培サイ

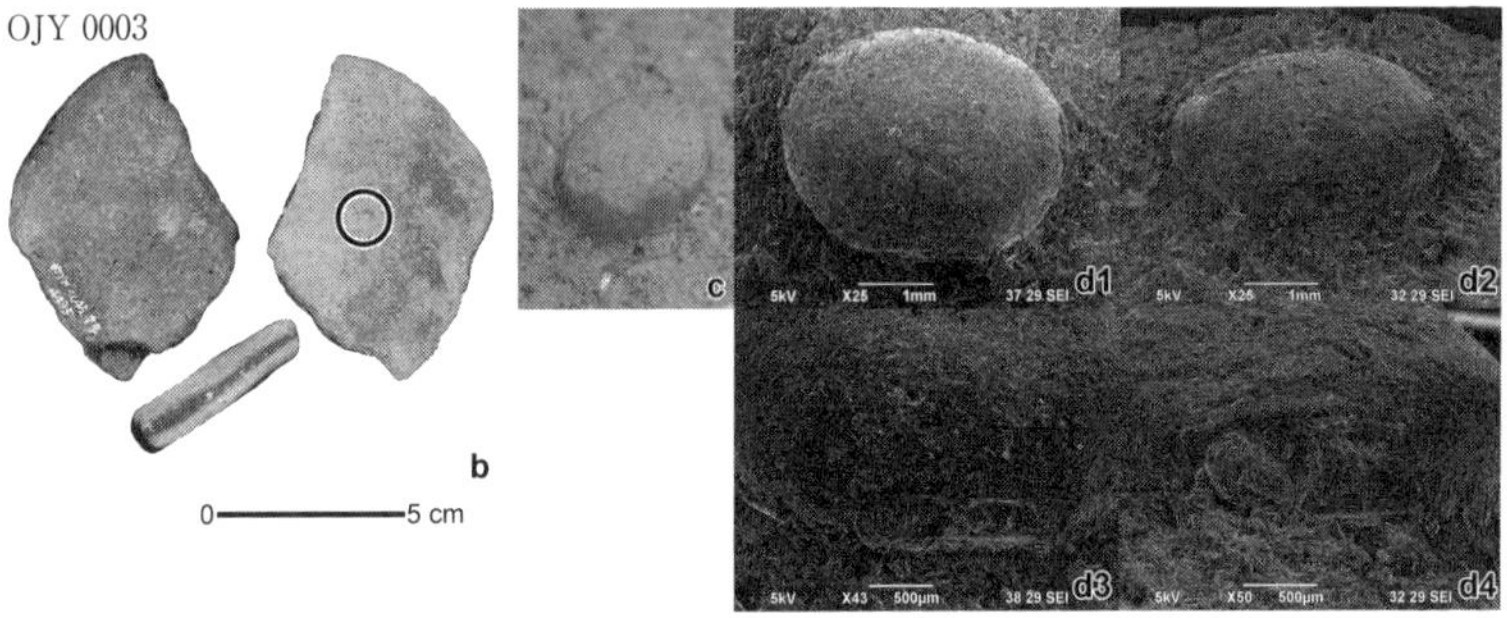

図6　日本最古のツルマメ圧痕（宮崎県王子山遺跡）

ズのマメ類の発見はなく、それらが栽培へ進展した形跡はない。これに対し、中部地方や西関東地域では縄文時代早期からツルマメ圧痕が発見され、それらが前期、中期を経て大型化していくことが立証されている。この地域では、大規模な定住集落遺跡が縄文時代中期を中心に展開するが、中期末からは遺跡数が激減し、遺跡も小規模になる。

これに対し、九州地方では、アズキやダイズの圧痕種子や炭化種子も縄文時代後期初頭頃から宮崎県を中心とした東九州地方で出現し始め、後期後半から晩期にかけて九州中に広がるようになる。この拡散段階のマメ資料の大きさは、十分に栽培ダイズやアズキのサイズを具えている。

農耕具としての石鍬

種子の大型化のメカニズムは、人間が大きな種子を選んで畑（畠）の地中深くまくことで、小さな種子は発芽できなくな

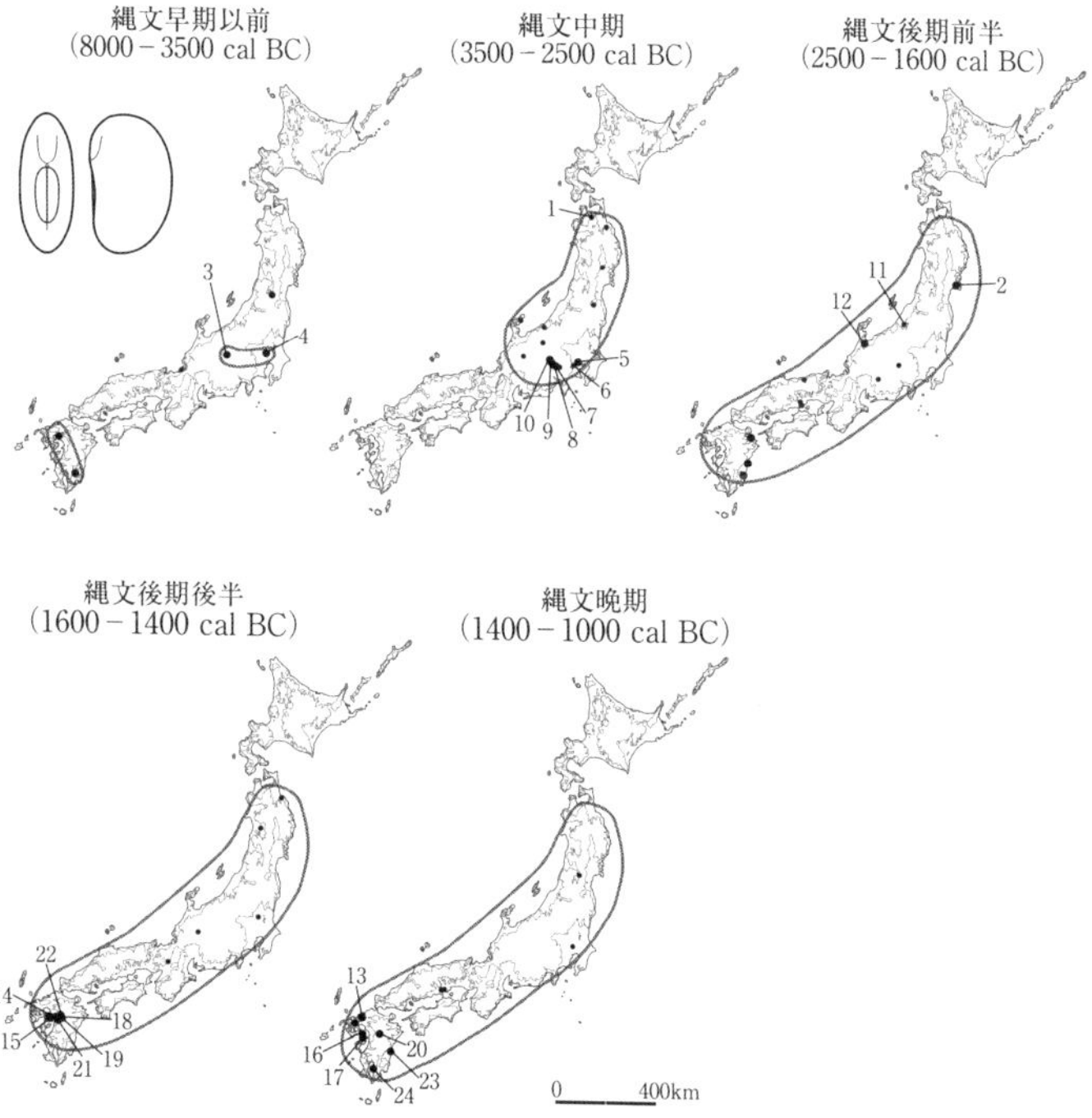

図7　日本列島におけるダイズ属種子および栽培ダイズの時期別分布図

1近野，2山居，3山の神，4東野，5下宅部，6下野谷，7女夫石，8酒呑場，9上ノ原，10天神，11上町和住下，12桜町，13大原D，14大野原，15礫石原，16権現協，17肥賀太郎，18三万田，19ワクド石，20勢田池ノ浦，21上南部，22太郎迫，23南中原I，24柊原貝塚

り、大きな種子の遺伝子だけが淘汰《とうた》されて生き残っていくことで説明がつく。縄文人たちは、おそらく最初は野生のダイズやアズキを採集していたが、そのうち、その中の大きいものを選び出し、土中にまいて育て始め、そのような行為を一〇〇〇年以上繰り返すことによって、種子を大きくしていったものと考えられる。その根拠の一つに、農具と考えられる打製石鍬《だせいいしぐわ》がある。中部地方や西関東地方では、ダイズ・アズキ資料の増加に歩調を合わせるように、縄文時代前期末頃からこの打製石鍬がたくさん出始め、中期にピークを迎える。これまでは、これらの道具はヤマノイモなどの根茎類《こんけいるい》を掘った道具ではないかと考えられていたが、私はこれらを、マメを栽培する際に土を耕したり雑草を払ったりするために使用した農具ではないかと考えた。縄文時代における本石器の列島内での消長を見てみると、前期～中期にかけての分布の中心は中部地方や東日本であるが、後期～晩期になると西日本、そして九州へ分布の中心が移ってくる。これもまったくマメ資料と同じ動きをしているのである（図8）。

縄文時代の耕作法としてよく引き合いに出されるものに焼畑がある。ある焼畑民の事例を引き合いに出して、「焼畑はこん棒一本あればできる」と乱暴な言い方をする人もいるが、それは間違いである。現在宮崎県椎葉《しいば》村で行われている焼畑では、まいた種子に土をかぶせたり草を取ったりするのには鍬を用いている。何を収穫したいのか、どの程度収量

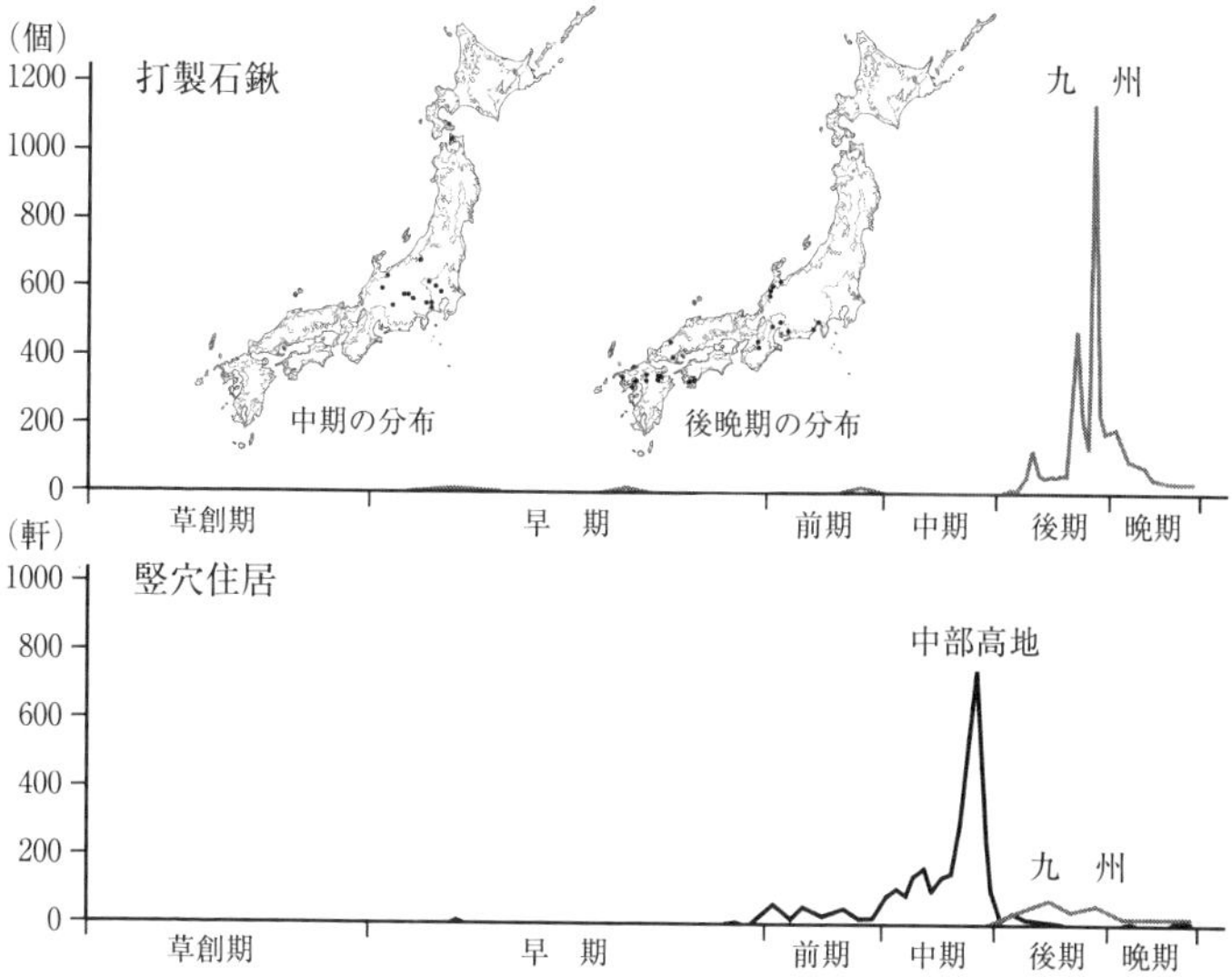

図８　石鍬と住居址の検出数の変遷と分布の移り変わり

を多くしたいのか、そのような条件の違いによって使用する道具も異なってくる。マメ類の動きと同調する石鍬は、仮畑（畠）をしつらえる道具であり、仮に縄文時代のマメ類が焼畑で栽培されたとしても、石鍬が播種や除草用の農具として使われたのではないかと考えている。

中部高地では、縄文時代中期に集落の大規模化のピークを迎え、後期には遺跡数が激減する。それ以降、西日本、とくに九州地方では、中部地方ほどの規模ではないが、後期前葉頃から遺跡規模が大きくなり、竪穴住居址の数も増加し、後期後半から晩期初頭にそのピークを迎える。この現象は、先の石鍬の動きと合わせてみると、あたかもマメ栽培技術をもった縄文人たちが九州へ移住してきたかのようである。

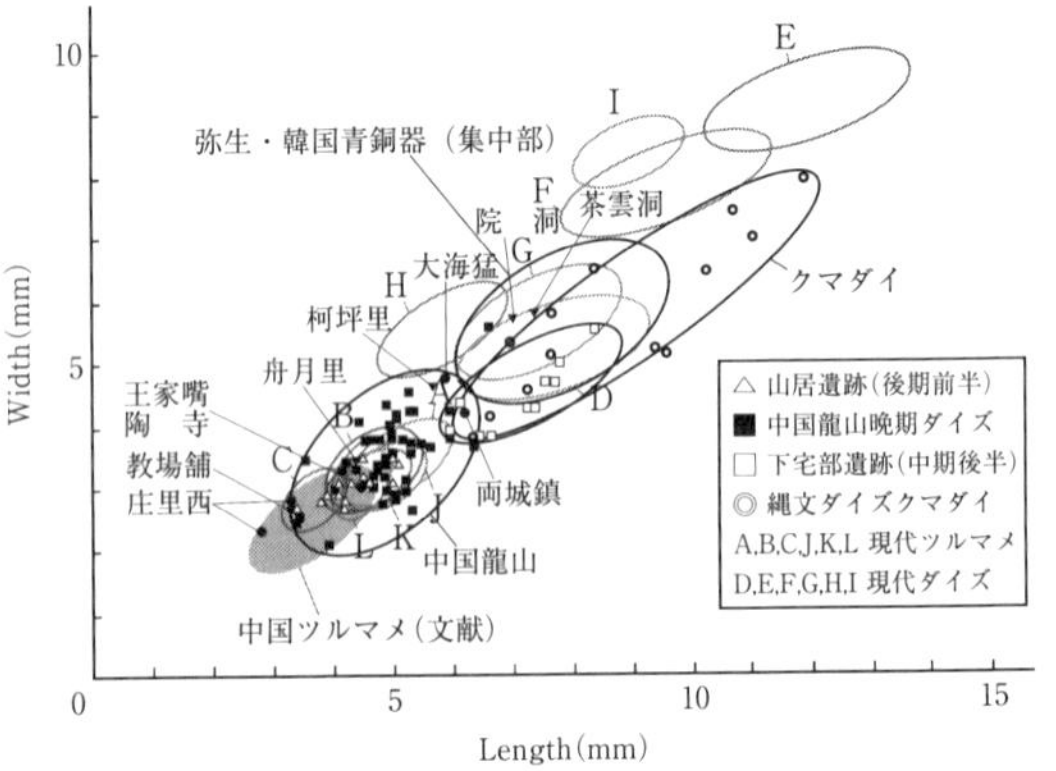

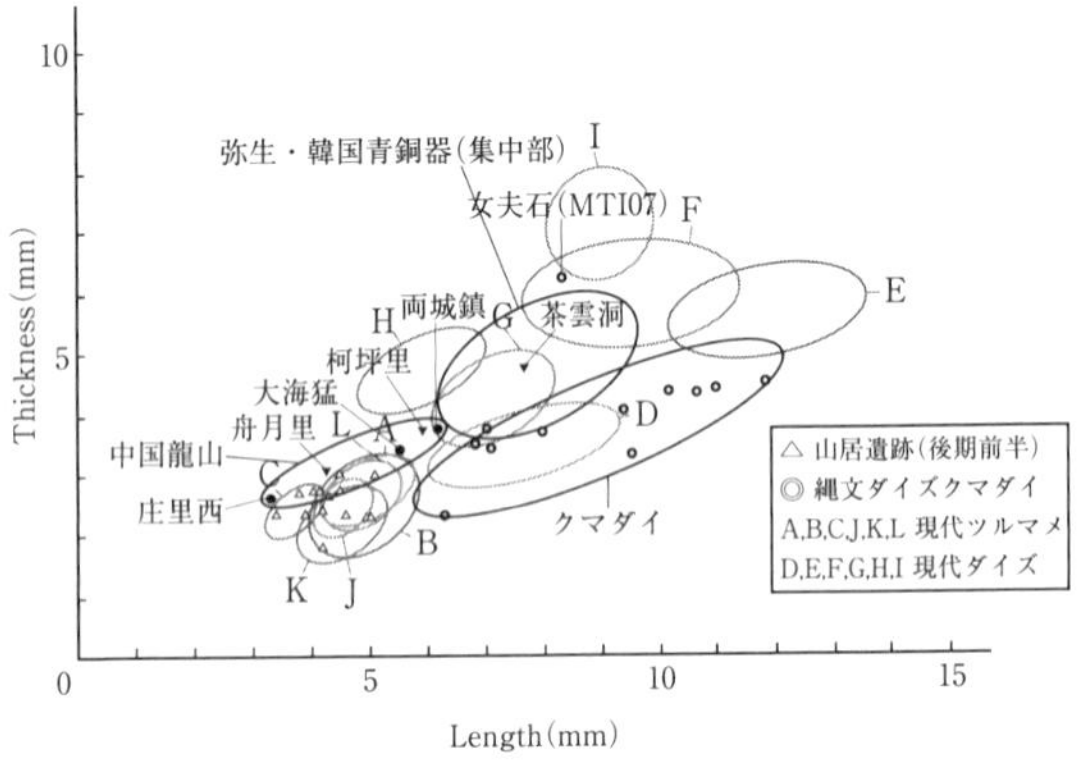

図9　日本・韓国・中国の新石器〜青銅器時代のダイズ属種子の形態グラフ

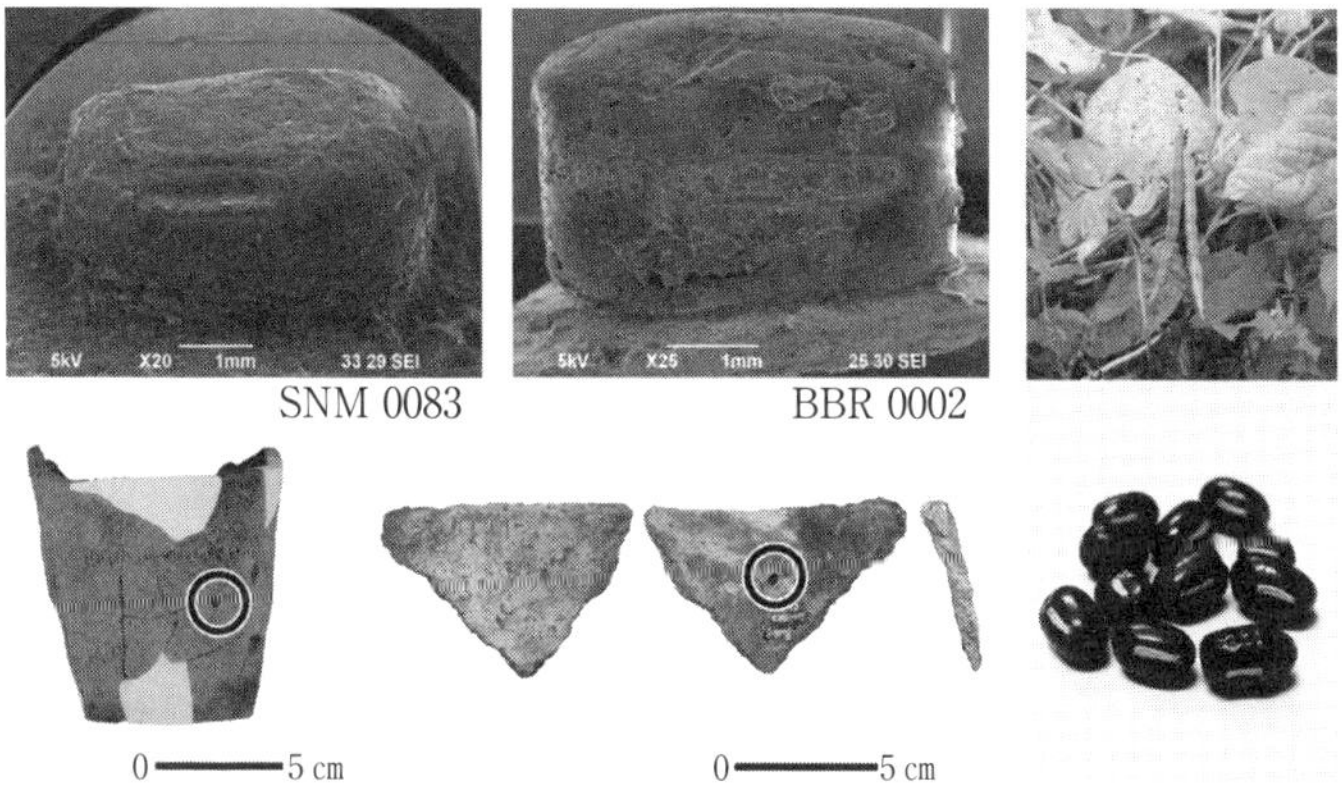

図10　三内丸山遺跡（左）と韓国飛鳳里遺跡（中）検出のアズキ圧痕のレプリカ SEM 画像

東アジアのマメ栽培の起源

ダイズ、アズキというのは、日本だけでなく、もちろん中国大陸、朝鮮半島にもその野生種がある。ダイズの野生種であるツルマメの分布を見ると、南は海南島《かいなんとう》から北は沿《えん》海州《かいしゅう》・アムール川流域まで、東アジアの広い範囲に分布している。これは現代の野性ダイズの分布状態であり、先史時代にこのような広い分布をもっていたかは疑問である。

考古学的証拠によると、この中で、ダイズやアズキが栽培され始めた地域はおそらく三つぐらいに絞られる。これらの栽培種は東アジアの中緯度地帯がその起源地と考えられ、それぞれの地域で若干の時期の違いはあるが、中国や韓国でも、ほぼ我が国と同じ、新石器時代の中頃（六〇〇〇〜五〇〇〇年前）にダイズやアズキ栽培が開始されている。先ほど述べた「クマダイ」と呼ぶ扁平な縄文ダイズに比べて、中国新石器時代のダイズは日本のツルマメに似た小さい形態をもち、韓国のダイズは楕円形の形態をもつという、三つの地域で種子の形が異なることが、多地域で栽培が発生した根拠となる（図9）。ダイズがアジアの多地域で栽培されたことは遺伝子学や農学の研究でも証明されている。ただし、中国や韓国では考古学資料としての新石器時代のマメ類は炭化種子が中心であり、その数もわずかである。最近、筆者らは、韓国の飛鳳《ピボン》里《リ》遺跡で、これまでの炭化アズキより五〇〇年以上古いアズキの圧痕を発見することができた（図10）。変形の著しい炭化資料に比べ、形態を明瞭に比較できる土器圧痕資料は、今後、東アジアにおけるマメ栽培の歴史研究において、重要な資料となることは明らかである。

縄文人は豊かな狩猟採集民か

「豊かな狩猟採集民」論争

縄文農耕論の今

我が国の農耕の開始については、弥生時代早期に朝鮮半島からの水稲耕作の伝播によって成立したというのが、誰もが許容する日本考古学界の一般的な考えであろう。ただし、それ以前の縄文時代に農耕があったという説は、考古学サイドでは、「縄文中期農耕論」（藤森一九七〇）や「縄文後晩期農耕論」（賀川一九六六）がその代表格であり、地理学や農学サイドから提唱された「照葉樹林文化論」（中尾一九六六、上山ほか一九七六、佐々木一九七一・二〇〇七・二〇〇九・二〇一一）を巻き込んで、学問的一大関心事となり、現在も人々の心をとらえて離さない。

この縄文農耕論の歴史を見ると、藤森栄一氏の「日本原始陸耕の諸問題」（『歴史評論』四―四、一九五〇年）や賀川光夫氏の「中国先史土器の影響」（『古代学研究』二五、一九六〇年）がその走りであり、その後、中尾佐助氏による『栽培植物と農耕の起源』（一九六六年）が出されたように、アイデアに関しては考古学が先んじていた。藤森氏の縄文中期農耕論と賀川氏の縄文後晩期農耕論はその立論の根拠や栽培植物の種類は細部で異なるものの、遺跡規模の拡大の背景に栽培植物が大きな役割を果たしたことを重要視する点で共通している。しかし、いずれの論においても確実なメジャーフードとしての栽培植物が未発見であったため、最後までこの点で批判を受けてきた。縄文中期農耕論に関しては、その後新たにメジャーフードとしてヤマノイモが想定され（今村一九八七・一九九九）、大陸系穀物（イネ・オオムギ・コムギ・キビ・アワ）はその候補としては否定されることになる。ただし、この時点ではまだダイズ・アズキの栽培は完全に立証されていなかった。この壁を打ち破ったのが先に述べた二〇〇七年のダイズ圧痕《あっこん》の発見である。筆者は、縄文中期農耕論の舞台であった中部高地や後晩期農耕論の舞台であった九州地方の人口増加（遺跡数の増加・規模の拡大）をもたらしたのはダイズやアズキを主とした植物栽培であり、これらは時間差をもって東から西へ推移していくもので、結果的に両者を突き動かした原理はまったく同じであったと考えている。

農耕の定義

「農耕」とは何なのか。この問題は永遠の問題といわれる。「農耕」という用語を放棄しようと訴えた学者もいるようである。Agriculture（農耕）の定義には、本来は家畜の育成も含むが、ここでは我が国の実情に合わせ、植物に限って述べる。作物を育てるために畑（畠）を耕す。そこには焼畑（移動式農耕）や灌漑《かんがい》農耕なども含まれる。

二〇〇九年に世界の著名な植物考古学者が集い、メキシコで開催されたシンポジウム「農耕の起源―新たな資料・新たな考え」で定義された、農耕に関連する用語の定義を以下に紹介する。

管理（Management）＝野生種（植物もしくは動物）の操作とある程度の管理。栽培化もしくは形態的変化なしに。

栽培（Cultivation）＝野生もしくは栽培化された植物の種まき・植えつけのための土壌の意図的な準備。

栽培化（Domestication）＝植物や動物の形態的・遺伝的変化。

農耕（Farming）＝馴化《くんか》された植物や動物の利用。

農耕（Agriculture）＝狩猟や採集は続いているが、ある共同体の活動を作物栽培や家畜飼育が支配したり、主要な食物となること。

この成果報告書では、我々がよく縄文時代の農耕を評価する際に使用している「園耕」や「低レベルの食糧生産」などの用語は用いられていない。しかし、ここでも、栽培化したもしくは少なくとも栽培された植物への高いレベルでの依存やそれが食糧の中で支配的になることが「農耕」を決定する鍵であると考えられている。

しかし、どのようにして、栽培植物への依存度を測るのであろうか。植物自体も遺物としての残りやすさに差があり、ましてや動物質食料との比率をどのように計算すればよいのか。人骨の炭素・窒素同位体分析で主要な摂取食物を突き止めればよいのか。しかし、ここにも農耕民であった弥生人と狩猟採集民といわれる縄文人の間に顕著な差は認められていない。

栽培植物の証明

また、栽培植物の証明は考古学的にはきわめて難しい。ダイズやアズキの栽培化で説明したように、考古資料としては、種子の大型化現象のみがその立証の根拠となるだけである。しかし、野生種が本来日本列島になかった場合は、人の手によって運ばれない限り日本列島には根づかないことを考えると、これらの植物の存在自体が栽培の証拠となる。その植物の代表が、今日の日本の主たる穀類である、イネ、オオムギ、コムギ、アワ、キビ、そして、ウルシ、アサ、ヒョウタンなどである。また、本来クリが自生していなかった北海道へのクリの移入も人為的なもので、栽培行為の一つとされる。

これに対して、野生種が存在するもの、在来種としては、アズキ、ダイズ、ヒエ、クリなどがある。これらがいつ頃栽培され始めたのかについては、野生種から栽培種へ変化する栽培化の徴候（Domestication syndromes）を考古資料で把握せねばならない。先に述べたように、その代表が種実の大型化であり、考古資料として可視化できるのはこの特徴のみである。ヒエは青森県と北海道南部を中心に縄文時代早期以来、イヌビエから徐々に大型化している（丸く太くなる）ことが確認されているし、クリも果実の経年的大型化現象が証明されている。クリの場合、さらに三内丸山《さんないまるやま》遺跡での事例のように、花粉分析によっても栽培が証明されている。クリ花粉は虫媒花粉であるため、母樹から二〇㍍離れると花粉量が五％にまで低下するが、三内丸山遺跡では、その量がきわめて多量であることから、遺跡周辺に自然状態ではありえないクリの純林があったと評価された。このような縄文人が管理栽培したクリ林のイメージは、奈良県観音寺《かんのんじ》遺跡（縄文時代晩期）で実際の埋没林として確認されている（図11）。

ただし、種子の大型化だけが栽培の証拠ではないという意見（事例）もある。東アジアの遺跡出土のダイズ・アズキ資料を研究した李炅娥氏は、日本列島や朝鮮半島では新石器時代から青銅器時代にかけてマメの大型化への人の関与があったが、中国中原《ちゅうげん》ではより遅い鉄器時代にならないとこのようなことは行われなかったとし、多量に出土する中国新石器時代の小さなマメ類も栽培種であったと述べている（Lee 2011）。同様のことは日本の

図11　奈良県橿原市観音寺遺跡のクリの埋没林（橿原市教育委員会提供）

縄文時代のアズキに関して吉崎昌一氏らも述べていた（吉崎・椿坂二〇〇二）。遺跡からの出土状況や出土量などもその証拠として十分な発言力をもっているのである。

少なくとも、縄文時代には、イネやアワ・キビなどの大陸系穀物の伝来以前に、外来栽培植物と在来栽培植物の二者があり、それらの栽培は、縄文時代の早期以前にすでに始まっていたのである。

植物栽培の始まり　では、最初の起源地において人がどのようにして栽培を始めたのか、また、二次的起源地において、外来栽培植物をどのようにして受け入れたのか。起源地での農耕の起源（栽培の開始）に関する理論には二〇世紀前半にV・G・チャイルドによって提唱されたオアシス理論や、R・ブレイドウッドの自生地仮説をはじめ様々な説がある。しかし、この原因に関するモデルは、大別すれば、「環境悪化と人口のバランスによる食料不足のため」に代表されるプッシュ（PUSH）理論と、「饗応《きようおう》（酒造り）のため」に代表されるプル（PULL）理論に分けられ、最近ではむしろこの後者の理論が優勢となってきている。

しかし、このような特殊な条件やトリガー（引き金）がなくても、ヒトと植物が長く付き合うようになり、互いを熟知することで、人間が植物と共生し始めることは十分に考えられる。そのためには一定地点での四季を通じた食料の確保が可能になり、定住性が高まる必要がある。松井章・金原正明両氏は、定住生活によって集落内にゴミ捨て場が創設され、土地の富栄養化が起こり、雑草が繁茂し、草本植物と人間が近くなったことも、栽培行為を促進する原因となったと考えている（Matsui and Kanehara 2006）。人による播種と発芽、そして収穫へのメカニズムを縄文人たちはすでに知っていたという。

また、韓国新石器時代の農耕受容原理に言及した李炅娥氏は、それまで韓国で受け入れられてきた宮本一夫氏の環境悪化論（宮本二〇〇五・二〇〇七）について検討し、韓国における農耕受容の時期と寒冷化やそれにともなう海水面低下の時期が符合しないことを指摘し、定住化にともなう食料の貯蔵行為が農耕を受け入れる原因ではないかと想定した（Lee 2011）。さらに、アワやキビなどの雑穀は土地を選ばず、短期間に成長し、しかも厳しい環境に対する耐性をもつ点なども、狩猟採集民たちの生業スケジュールを大きく改変させずにそれらが受け入れられた原因であったと見ている。つまり、穀物はそれまで利用されてきた野生の植物性食料と同じ立場で貯蔵物のリストの一つに加えられたに過ぎないという考えである。

縄文時代のマメ類についても、ドングリやイネ科植物種子（穀物）と同じように、乾燥状態で長期の保存が利くという、貯蔵に適した性質を有している。マメ類の栽培が促進されたり、他地域に受け入れられていった背景には、栽培の容易さと、長期保存可能なマメ種子のもつ特質があったと考えられる。

分かれる縄文農耕の評価

縄文時代に、「農耕」はあったのだろうか。この問題には、「農耕」の定義と出土植物資料の資料学的評価の二つの問題が絡んでいる。

実は、この問題の本質を的確に示すある議論があった。縄文時代の「農耕」の有無もしくはその評価を巡り、「縄文人は豊かな狩猟採集民なのか」という議論がカナダのトロント大学のG・クロフォード氏と我が国の環境考古学の第一人者である松井・金原両氏の間で交わされた。松井氏と金原氏は、縄文時代の栽培植物の存在は認めながらも、縄文時代は狩猟採集社会であり、農耕社会である弥生時代とは異なるという主張であり、縄文人を「豊かな狩猟採集民」と評価した（Matsui and Kanehara 2006）。このような考えは、日本の考古学者たちの伝統的かつ一般的な考えであろう。

これに対し、クロフォード氏は、「農耕」の定義を狭くとらえていること、多くの日本人考古学者にとっての農耕とは「水稲耕作」と同義であること、それは、イネが多様な作物の単なる一つにすぎないということを無視した、還元学者の議論であると主張する（Crawford 2008）。そして弥生社会にも多様な植物利用があったことを考慮していないと批判する。また、これは狩猟採集民の典型として扱われたアイヌの評価（実際は農耕を行っていた）とも相通じるという。もちろん、クロフォード氏は中国の新石器時代中期のような食料生産や農耕が行われたとはいわないが、縄文文化は食料生産や農耕の議論から取り残されてはいけないと主張する。

先に述べたダイズ・アズキ栽培以外に、佐々木由香氏が「縄文時代の人々は、特定の一年生の栽培植物の栽培だけでなく、ウルシなどの木本の栽培植物やクリなどの野生植物を含めて森林資源に手を加え、集落周辺に人為的生態系を作り上げ、植物を栽培・管理する手法をすでに獲得しており、そうしたさまざまな植物に対する管理・栽培技術の確立が水田耕作を導入する素地である」（佐々木二〇一一a）や、「北部九州で始まった稲作農耕文化は、アワ・キビなどの穀類が導入されても縄文時代の多角的な植物利用の基盤が引き継がれた」（佐々木二〇一一b）と指摘するように、植物の栽培技術はすでに縄文時代にあり、穀物以外にも多様な植物の利用が弥生時代においても継続的に行われていたという点には留意すべきである。

また、松井氏と金原氏は、縄文農耕や栽培植物の存在は認めるものの、縄文後期以降の農耕（陸稲とヒエなどの少数の穀物と考えている）は多様な資源の一つに過ぎないものであり、直接、水稲耕作に結びつく灌漑の操作から引き起こされる社会的変化を導き出さなかった、つまり、農耕社会（余剰生産による貧富の格差、社会的エリートの出現）へは移行しなかったと考えている。その根拠として、大規模な園耕（Horticulture＝厳密には庭での耕作という意味であるが、規模の小さな農耕を意味して用いられる場合が多い）が狩猟採集民の季節スケジュールに入り込んだ痕跡は認められないという点と、後期以降のイネや少数の穀物が全食物（野生の木の実や一年草の種子）に占める割合が一％以下である点を挙げている。

出土種実の量的評価

現在では、この縄文時代後期以降の穀物資料については、コンタミネーション（資料汚染＝資料の紛れ込み）である可能性が高く、直接評価できないが、彼らの論調にあるように、つねに栽培植物（穀物）の「量的少なさ」が「栽培植物の存在」を「農耕」と評価す

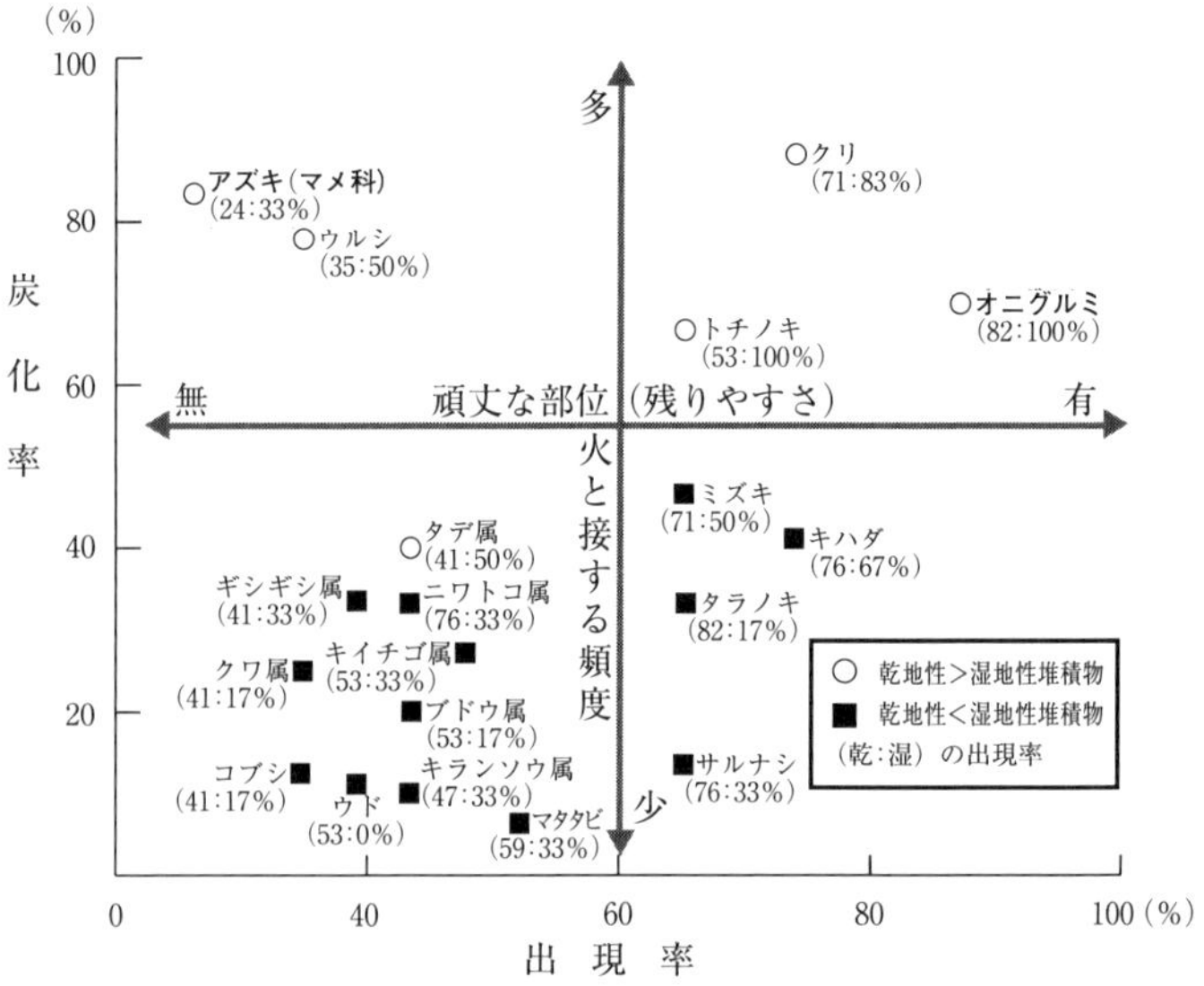

図12　三内丸山遺跡における種別炭化率と出現率グラフ

る際のブレーキとなっている。

しかし、この「量的少なさ」は本当に正しいのであろうか。三内丸山遺跡から出土した種実資料を分析した際、人為的利用の痕跡と考えられる炭化率の高い種実は、オニグルミ、トチノキ、クリ、ウルシ、アズキ(マメ科)であり、アズキも人々が頻繁に利用したものと考えられた。しかし、試料中に出てくる頻度(出現率)はオニグルミ一〇〇%に対しアズキは三三%であった(図12)。では、この数字の差をそのまま当時食べられた量の比率としていいのだろうか。その答えは、「ノー」である。

中身だけを食べて堅い殻が廃棄されるオニグルミと、種子そのものを食べてしまうアズキとでは、遺跡に残される確率が格段に違うのである。その証拠に、オニグルミはすべての試料から検出されているし、硬い果皮をもつトチノキやクリも高い確率で出現している。これらは堅果類《けんかるい》と呼ばれるもので、果皮が頑丈であり、水浸けであっても、火を受けても残りやすいものである。しかも、炭化するということは、遺跡にさらに残りやすくなることを意味する。オニグルミが火を受けているのは、食後に残った殻が燃料として使われたためだったのかもしれない。

我々考古学者は、遺物それぞれの残りやすさの度合いの違いを考慮すべきである。炭化物も時代が古くなれば残存度が低くなることが知られており、縄文時代の炭化マメと弥生時代の炭化イネを量的にそのまま比較してよいかも疑問である。

マメ利用の本来の姿

長野県岡谷《おかや》市の縄文時代遺跡の土壌のフローテーション（乾燥した遺跡土壌を水に入れ浮いてきた種実を回収する方法）と土器の圧痕調査を精力的に行っている会田進氏は、「やればいくらでも種実圧痕が出てくるので、もはやマメはあって当然のことと思っていますが（以下、省略）」という感想を最近、筆者宛ての私信で述べられている。実際、過去の発掘の際に採取した土壌を洗ってもダイズやアズキの炭化種子が検出され、圧痕調査によっても、調査を行ったすべての遺跡からマメ類の圧痕が発見されている（会田ほか二〇一二）。このマメ類の出現率の高さは、土壌の洗浄や土器圧痕調査など、意識的な植物種実の探査によって実現されたもので、これまでのように遺跡から偶然に発見される炭化種実のみから語られていたクルミやクリ中心の種実構成がきわめて偏ったものであったことを意味する。堅果類と思われていた炭化物にダイズやアズキが混じっていたという話も聞く。栽培マメ類の低い評価は、縄文時代のダイズやアズキの存在が、二〇〇七年以降に明らかになったまだ日の浅い考古学的事実であり、これらを探し出そうとする意識的調査の蓄積がきわめて少ないことに起因している。

その証拠として、マメ類種子は土壌中より土器中から高い比率で発見される。扱う資料の性格（分析法の違い）による出現率の差は看過してはならない事実である。この事実は、岡谷市での圧痕調査でも証明されているが、九州地方ではマメが出現する縄文時代後期以降の遺跡資料に限ると、五五資料のうち、二六資料（四七％）、約半分の圧痕資料からアズキやダイズの圧痕が検出されている。また、圧痕調査が数多く実施されている山梨県の事例（佐野二〇一五）を参考にしてみると、縄文時代早期から晩期前半までの圧痕調査資料三一資料のうち、二九資料（九三・五％）からマメ類圧痕が検出されている。これに対し、クルミやクリ、コナラ属種実のような堅果類は、わずかに一資料（三・二％）ときわめて少ない。未炭化・炭化資料の場合、圧痕資料とまったく反対の結果を示しており、三

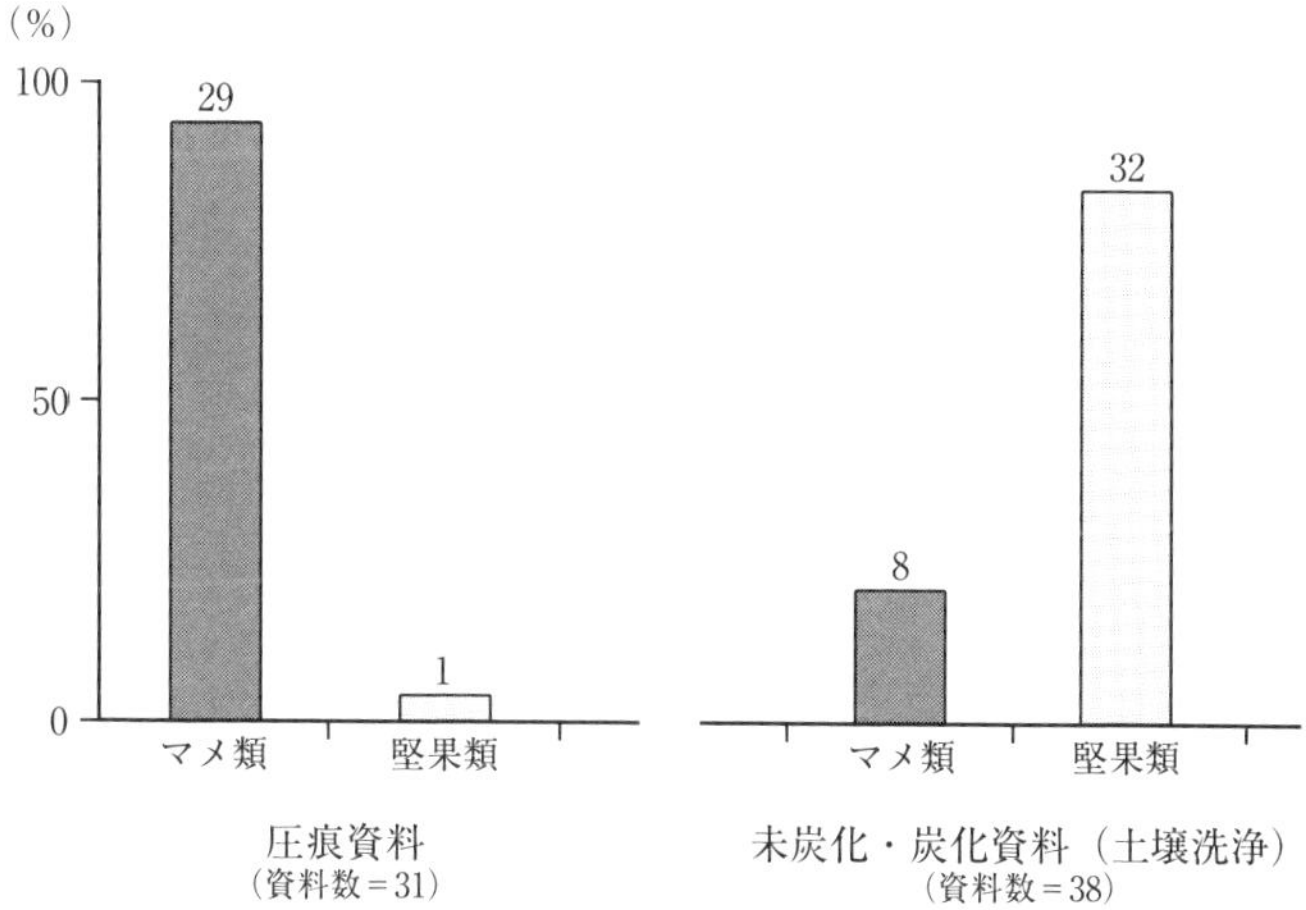

図13　山梨県における縄文時代のマメ類と堅果類の資料別出現率の比較グラフ

八資料のうち、堅果類が三二資料（八四・二％）と高い比率を示すのに対し、マメ類は八資料（二一・一％）にとどまっている（図13）。この山梨県の事例は縄文時代中期を中心としたもので、時期的な特徴を反映している可能性はあるものの、圧痕としてマメ類が残りやすかったことを裏づけている。我々が土器圧痕に探査の目を向けてからまだ日が浅く、さらには圧痕調査そのものがすべての地域や遺跡で実施されているわけではない点に留意すべきである。

低湿地と台地

また、意図的に残されたものと偶然に残ったものとの差も考慮せねばならない。そして、保存される場所の違いも重要である。

ご自宅の台所を思い浮かべていただきたい。同じ食品でもそれぞれの保存場所はその食品のもつ性質ごとに異なっている。たとえば、お肉やお魚、生鮮野菜は冷蔵庫に、乾燥麺や小麦粉、マメなどは食器棚や地下収納庫に保存されている。これを遺跡に置き換えて考えてみるとよい。

コナラ属種実であるドングリ類がまとまって発見されるのは、少数の例外を除いて、貯蔵穴、別名ドングリピットと呼ばれる主に低湿地に掘られたドングリ類を保存した穴を主としている。これらは考古学者にとっては好適のターゲットである。考古学者は普段の台地上の遺跡ではお目にかかったことのない、この「宝の山」に好奇心を抱き、勢いこの貯蔵穴を探すことに躍起になる。結果的にドングリの一杯詰まった多数の貯蔵穴が我々の眼前に現れることになる。しかし、普通、日本のような湿潤な気候の土地柄では、台地上では植物の種実は火を受けない限り保存されない。火を受ける機会はさらに少なく、一部の例外を除くと、低湿地に比べて台地上の種実の生き残りの機会はきわめて低かった。しかも、低湿地の貯蔵物は保存を目的として意図的に埋納されたものである。この両者の残りやすさの差は一目瞭然である。

低湿地と台地、そこでの種実の残存状況と種実の性質は、中世の流通銭研究における「備蓄銭《びちくせん》」と「廃棄《はいき》・遺棄銭《いきせん》」によく似ている。人が意図的に多量の銭を甕《かめ》などに入れて埋納した「備蓄銭」は、全国的にみれば、出土枚数において包含層や遺構から出土する人間が置き忘れたり失くしたりした「廃棄・遺棄銭」を大きく凌駕《りょうが》している。備蓄銭は枚数の多さと残存状況のよさから銭貨研究の主対象とされてきた。しかし、当時の流通銭を復元する際は、備蓄銭は人によって選ばれた銭であり、偏った組成を示すため、本来の流通銭の姿を現していない点に留意すべきである。これに対し「廃棄・遺棄銭」は意図的選択がまったくないため、当時の流通銭の実態そのものを示している。そして「廃棄・遺棄銭」は、遺跡から出土する枚数こそ少ないが、本来は「備蓄銭」よりもかなり多かったことは誰もが想像できるであろう。

我々考古学者は無いモノは復元できないが、「遺物（残ったモノ）」というものがもつ本来の属性、「残りやすかったものだけが残る」という事実を再度認識し、見せかけの発見比率の背後にある真の姿をとらえる努力をせねばならない。

マメ類を水浸けにして保存する人はいない。マメ類は台地上の居住域で乾燥状態で保存されていた。それを裏づけるように、先に述べたように、マメ類が存在する時期や地域での圧痕調査では、高い確率でマメ類の圧痕が土器胎土《たいど》中から検出されている。

縄文時代の栽培植物

二〇〇〇年以降

我が国における古民族植物学の研究は、初めて縄文時代の植物遺存体の包括的なリストを作った酒詰仲男氏の研究（酒詰一九六一）に始まり、一九七〇年代の福井県鳥浜《とりはま》貝塚などの低湿地遺跡の調査による多量の植物遺存体の検出と研究、小谷凱宣に始まりG・クロフォードや吉崎昌一諸氏らがけん引したフローテーション法による植物利用や栽培植物の研究などに勢いを得て、着実に発展を続けてきた。しかし、佐々木由香氏が「二〇〇〇年以降」と強調するように（佐々木二〇一一b）、ここおよそ一〇年間の古民族植物学研究は、前代と比べ大きな発展を遂げている。研究者数の増加もその発展に寄与した材料の一つとして挙げられるが、なによりも植物遺存体の検出に関わる各種研究法の技術・理論的進展、そしてそれらの新たな時代・地域への適用が大きく後押ししている。とくに圧痕法《あっこん》（レプリカ法）はその代表格といえよう。

また、大型植物遺存体に関しても、各種種子の新たな同定法の確立が大きな意味をもつ。その中にはドングリ、ウルシ属果実、マメ類種子、エノコログサ属（アワ）果実などがある。また、クリやウルシなどの木本類についても、果実ばかりでなく花粉や木材の研究が進展し、樹木の栽培の可能性が議論できる段階になってきた。

照葉樹林文化論の今

佐々木高明氏に代表される地理学・農学の栽培植物の起源論である照葉樹林文化論には、栽培植物だけでなく多様な食文化とそれにまつわる儀礼や行事・信仰なども含まれている。ただし、ここでは、その中心となる栽培植物の起源について注目してみたい。佐々木氏は、水稲耕作の伝来以前に基層文化として多様な文化が存在し、その代表的な文化が主に西日本を中心に展開した「照葉樹林文化」（焼畑農耕＝イモ類と雑穀）と、東日本〜東北・北海道を中心に展開した「ナラ林文化」（常畑農耕＝アワ・キビ・エンバク・ゴボウ・ネギ・アサ）の二つの文化であるとする。この中で引用された栽培植物とその時期的評価は、考古学サイドから見ると、様々な矛盾点が垣間見える。たとえば、ナラ林文化の矛盾は、佐々木氏が紀元前一〇〇〇年紀初頃に伝播してくると主張する栽培植物がすでに縄文時代早期末から前期に出現している点である。考古資料ではヒエは八〇〇〇年前、アサは一万年前、アブラナ科も縄文時代草創期の例がある。ゴボウも縄文時代前期であり、ネギの類は縄文時代草創期から南九州で発見されている。また、オオムギが日本で発見されるのは、弥生時代早期以降であり、その伝来経路は北方経由ではなく、西日本である。アワ・キビも同様である。また、佐々木氏が想定している渡来経路の大陸側の起源地である沿海州《えんかいしゅう》における栽培植物の時期的変遷を見ても、この地にオオムギやコムギが出現するのは紀元前六〜紀元前一世紀であり、佐々木氏が想定する伝播時期にはアワ・キビを中心とした華北由来の雑穀が栽培されていた。つまり、氏が北方系と主張する朝鮮半島北部や沿海州・アムール川流域南部の農耕は、その発展段階のいずれにおいても、遼東《りょうとう》地域に起源をもついわゆる「南方系」の農耕なのである。

照葉樹林文化の栽培植物に関しても、大陸側の照葉樹林帯からの影響としてもっとも重要な作物はイネやオオムギであるが、縄文時代前期はもちろん縄文時代後期にさかのぼる考古資料の確実なものはいまだ発見されてない。また、伝来作物と想定されるアズキなどのマメ類も、先に述べたように日本在来の栽培作物であった。ソバについてはまだ論争は続いているが、その伝来時期は、弥生時代の遅い時期もしくは古代まで下る可能性もある。ウルシも伝播時期はまだ不明であるが、その起源地は東アジアの北部地帯である。

このような誤解を招いたのは考古学側にも責任がある。佐々木氏も当時では最新の考古学的成果を取り入れてはいるものの、この段階ではまだコンタミネーション資料も十分に整理されておらず、考古学サイドも十分な検証を行っていなかった。しかし、氏の考えた基層文化論は「日本＝稲作＝高文化」という偏った史観を打ち破るきわめてすぐれた視点に支えられている。

汚染資料の排除

考古資料にはコンタミネーションがつきものである。とくにタネは、昆虫や地中動物、あるいは木の根などによって、地中深く運ばれる危険性がある。これまでの日本の考古学における栽培植物や農耕史の研究は、資料的に不安定なこの炭化種実が基礎資料となってきたという経緯がある。結論からいえば、縄文時代とされたイネやムギなど、これまで縄文農耕論の基礎資料として崇められた炭化穀物は、今ではそのほとんどが姿を消すことになる。つまり、年代測定法の発達により、AMS法（加速器質量分析とも呼ばれ、極微量の放射性元素を高感度で測定する技術）によって再測定された縄文時代の栽培植物と考えられてきた炭化穀物は、そのほとんどが後世もしくは近世のものであることが判明したのである（表1）。

さらには、圧痕法による調査事例が増加すると、イネやムギなどの穀物は縄文時代の古い土器からはまったく発見されず、代わりにダイズやアズキ、エゴマなどが多数検出されるようになり、その傾向性が見えてきた。つまり、圧痕法もダイズやアズキなどの新たな栽培植物を検出した以外に、年代（時期）の確実な植物資料を提供できるため、これまで発見されていた炭化種子と比較することによって、既存資料の信憑性を占う基礎資料としての地位を確立しつつあるのである。

圧痕法の資料学上の長所として、土器型式から生物体（タネやムシ）の年代がわかる、圧痕種実は炭化種実より表面形状を精確にとどめるなどの利点があるが、もっとも重要な点は、コンタミネーションがないという点である。つまり、圧痕は、土器に混入した（された）時点で、その当時の生物体がそのままパックされるタイムカプセルのようなものである。土壌中から発見される炭化種実や未炭化種実は埋没過程で他のものが付加されたり、消滅する場合があるが、圧痕種実にはこの心配はまったくない。土器胎《たい》土《ど》の中に入るには様々な経緯があるので、圧痕のみで当時の栽培植物や利用植物を語ることには注意を要するが、これまで蓄積された資料が示す傾向性は重く受け止めねばならない。

炭素14年代	文　献
173±35BP	西本編2007
160±30BP	今村編2004
160±40BP	今村編2004
350±40BP	今村編2004
265±19BP	山田2007
470±40BP	小畑2008
590±40BP	今村編2004
950±40BP	今村編2004
-860±30BP	今村編2004
430±30BP	今村編2004
1595±40BP	小畑2008
1550±40BP	小畑2008

旧石器人が栽培？

日本の作物は、これまですべて国外から中国や朝鮮半島を経て伝わったと考えられてきた。これは、農学や植物学の研究においては、現在の野生種や植物化石の分布を参考にその起源地が推定されることに起因している。しか

表1　考古学者の期待を裏切った穀物の炭素年代値（小畑2011より）

遺　跡　名	試料名	試料の種類	試料の時代	測定機関番号
風張（1）・青森	AOH-JC1	炭化米	縄文後期	TERRA-578#10
ハマナス野・北海道	REK-NS1	ソバ	縄文前期	Beta-176046
大麻・北海道	REK-NS5	オオムギ	続縄文	IAAA-30060
御井戸・新潟	REK-NS2	オオムギ	縄文後期	IAAA-30057
塩谷3・北海道		オオムギ	縄文晩期	PLD-5614
一尾貝塚・熊本	No.8	コムギ	縄文後期	Beta-181422
イヨマイ6・北海道	REK-NS11	ヒエ	続縄文？	IAAA-30065
八幡・青森	REK-NS3	オオムギ	弥生前期	IAAA-30058
ナガラバル東・沖縄	REK-NS12	イネ	貝塚後Ⅲ	IAAA-30066
ウガンヒラー北	REK-NS16	コムギ	グスク初期	IAAA-30251
鷹取五反田・福岡	JF0002	炭化米	弥生中期	Tka-13458
鷹取五反田・福岡	JF0003	炭化米	弥生中期	Tka-13459

し、近年、考古遺跡から栽培植物と雑草を含む外来植物に関する情報が増加することで、これまで農学や植物学で打ち立てられたそれらの起源に関する説を覆す例が多くなっている。

その一例として、ヒョウタンがある。ヒョウタン（*Lagenaria siceraria* var. *hispida*）はウリ科の蔓性《つるせい》一年草であり、アフリカ南部に野生種があり、アメリカやアジアの各地から発見されている。日本では、鳥浜貝塚の縄文時代早前期層や粟津《あわづ》湖底《こてい》遺跡などから発見されており、粟津湖底遺跡の例は九六六〇±一一〇BP（NUTA−1825）の年代値をもつ。日本で最も古い外来植物であり、以前はアフリカから漂流によって各地へ拡散したものが日本へも伝えられたと考えられてきた。しかし、古D

NAの分析によれば、新大陸のヒョウタンは東アジアの遺伝的変異であり、完新世《かんしんせい》以前に容器として栽培され、人類の拡散によって運ばれたものであるという。最近日本と中国出土のヒョウタンの皮の厚さを比較した研究により、前中期完新世には日本と揚子江《ようすこう》流域においても栽培ヒョウタンが存在したことが確実となり、それより早い時期、更新世《こうしんせい》に栽培が開始され、現生人類の拡散とともにもたらされた栽培植物であった可能性がでてきた（Fuller et al. 2010）。

エゴマはメイドインチャイナ？

エゴマについても本当に中国大陸から縄文時代に日本へやってきたものなのか疑問である。シソ科（Lamiaceae）シソ属（*Perilla* sp.）には、エゴマ（*Perilla frutescens* var. *frutescens*）、シソ（*Perilla frutescens* var. *crispa*）、レモンエゴマ（*Perilla frutescens* var. *citriodora*）がある。エゴマの果実が一番大きいが、大きさに変異があるため、果実の大きさのみでこれらを区別することは難しいとされる。シソ属の原産地は中国・インドなどといわれ、シソとエゴマが分化した後、中国から日本へ伝わったという（山口・島本編二〇〇三）。我が国では縄文時代早期の例が西関東地方にあり、前中期も東日本を中心とし、後期段階に西日本へと分布が拡大する。

中国での出土状況を見ると、黄河中流域と長江中流域のどちらにも古い例があり、形態的には北の方が大きくエゴマ、南の方は小さくシソである可能性もある（図14）。我々は

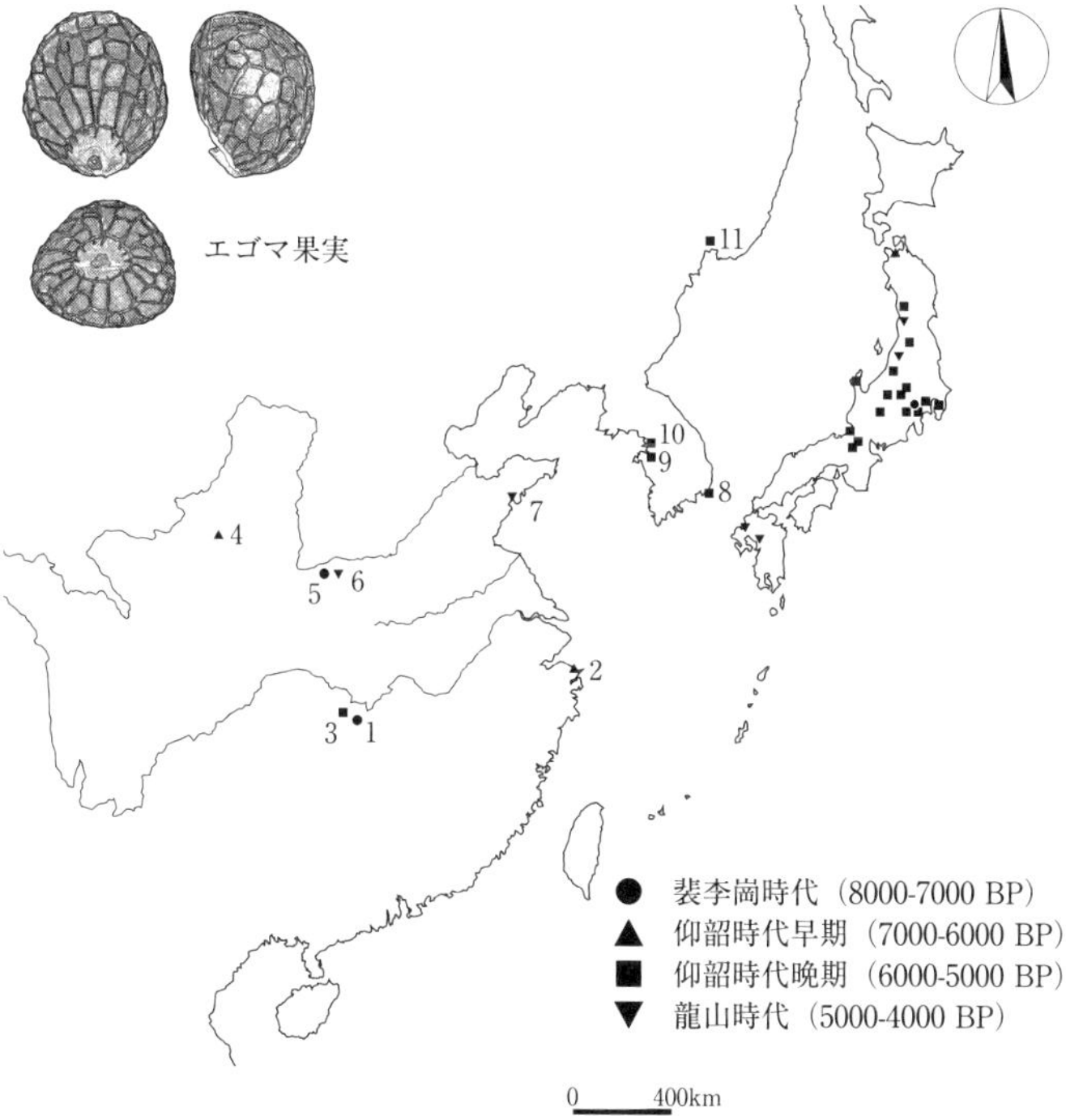

図14　東アジア先史時代のシソ属・エゴマ果実出土遺跡の分布図

1 八十垱（Bashidang），2 田螺山（Tianluoshan），3 城頭山（Chengtoushan），4 大地湾（Dadiwan），5 澠池班村（Mianchibancun），6 皂角樹（Zaojiaoshu），7 趙家庄（Zhaojiazhuang），8 東三洞（Dongsamdong），9 長在里（Jangjaeri），10 陵谷（Neunggok），11 Krounovka 1

朝鮮半島南部で五〇〇〇年前のエゴマの果実圧痕を検出しているが、中国華北地方での出土はそれより早く、七〇〇〇年ほど前であることから、より早い六〇〇〇年前頃にはエゴマもキビやアワとともに朝鮮半島南部まで達していた可能性はある。日本列島ではその地理的分布から、以前、西日本を経由して渡来した可能性があると指摘したことがあるが、伝播経路の一画である九州地方では縄文時代後期後半に圧痕が出るまでその存在は知られていない。さらに韓国でエゴマと一緒に発見されるアワ・キビが日本へ伝播した痕跡は今のところ認められない（「イネはいつ日本にやってきたのか」の章を参照）。安承模氏によると、エゴマの野生地（起源地の可能性）は中国北部、朝鮮半島、日本にあるという（安二〇〇八）。マメ類と同じ動きをするエゴマ（シソ属）も、中国起源のみでなく、我が国で栽培が開始された可能性も考慮する必要があろう。

拡散方向	タイプ
縄文後期：西日本	③
縄文中期：北日本 弥生中期：西日本	①
縄文前期：北海道・沖縄を除く全国	①
縄文晩期：沖縄を除く全国	①
縄文前期：九州を除く西日本	①
縄文後期：西日本	①
縄文晩期：ほぼ全国	③
縄文晩期：東北日本	③
縄文晩期：北海道・沖縄を除く全国	②
弥生前期：西日本	②
弥生中期：北海道を除く北日本	②
弥生前期：西日本	②
弥生中期：西日本	②

表2　縄文時代の栽培植物の原産地と渡来時期（小畑2011を一部改変）

栽培植物	原　産　地	栽培化時期	列島での出現時期と地域
ヒ　エ	日本	8000年前	縄文早期（北海道・東北北部）
ア　サ	中央アジア	10000年前	縄文早期（関東）
ヒョウタン	アフリカ	16000年以上前	縄文早期（北陸）
ゴボウ	中　国	?	縄文前期（北陸・東北）
アブラナ科	東北アジア	?	縄文草創期（北陸）
シソ属	中国・インド	8000年前	縄文早期（北陸・中部）
アズキ	日本・中国	7000年前	縄文前期（中部・西関東）
ダイズ	日本・中国	7000年前	縄文前期（中部・西関東）
イ　ネ	中国南部	10000年前	縄文晩期末（九州・中国）
ア　ワ	中国北部	8000年前	縄文晩期末（九州）
キ　ビ	中国北部	8000年前	縄文晩期末（近畿・東北）
オオムギ	南西アジア	10000年前	弥生早期（北部九州）
コムギ	南西アジア	10000年前	弥生前期（北部九州）

栽培植物の起源と拡散

以上見てきたように、まだ、疑問の余地はあるが、縄文時代の栽培植物はその出現時期と起源地から以下の大まかに三つのタイプに分類することができる（表2）。

①外来栽培植物（縄文時代前期以前に渡来）＝アサ・ヒョウタン・ゴボウ・アブラナ科・シソ属（エゴマ）

②大陸系穀物（縄文時代後・晩期以降に渡来）＝イネ・アワ・キビ・オオムギ・コムギ

③在来栽培植物＝ヒエ・アズキ・ダイズ

①に関しては、中国大陸側の第二起

源地がいまだ不明である。うち、ヒョウタンに関しては、先に述べたように、後期旧石器時代にもち込まれた可能性もあり、エゴマも日本産、もしくはその伝播時期が後期旧石器時代か縄文時代草創期までさかのぼる可能性がある。②に関しては、大陸側の第二起源地は朝鮮半島南部（韓国）と考えられる。ただし、オオムギやコムギに関しては、今のところ弥生時代前期のものが確実であり、さかのぼっても弥生時代早期頃がその伝来時期と考えられる。この点については、「イネはいつ日本にやってきたのか」の章で詳述する。

縄文農耕と弥生農耕

ここまで述べてきたように、縄文時代の栽培植物に関しては、最近の古民族植物学研究の進展によって一〇年ほど前に比べればかなり正確にわかってきている。縄文人たちは思った以上に、古くから植物を栽培する術に長けていた人々だったといえる。あとは考古学者がこれをどう評価するかである。

「農耕」を植物栽培とし、縄文時代に「農耕」があったと認める人もいる（設楽二〇〇九・二〇一四）。また、「農耕」の存在を否定する人も、縄文時代に植物栽培があったことは一部の考古学者を除き、ほぼ認めている。ただし、マメ類はアズキ栽培の可能性を吉崎昌一氏が唱えていただけで（吉崎二〇〇三）、圧痕でダイズが発見され、考古学的証拠から栽培化していく過程が指摘されたのはつい最近のことである。つまり、マメ類は在来栽培植物としては新参者で、その評価が十分になされていない作物といえる。

縄文人を「豊かな狩猟採集民」と呼んだ松井章氏や金原正明氏もクリやエゴマなどの栽培は認めていたが、まだ縄文ダイズの発見前であった。設楽博己氏は、最近、弥生時代の農耕と比較しながら、「縄文農耕」の特質を述べる中で、「マメ類は主食になりうるものであり、「縄文中期農耕論」を支える可能性をもつ」と評価しながら、「それを除けば縄文時代の栽培植物は、早期にさかのぼるアサを含めてシソ、エゴマ、ゴボウ、ヒョウタンなどがおもなものである。農耕を辞書的にいえば植物の栽培であるから、なんらかの農耕は縄文時代から存在したとみなければならないが、栽培植物のほとんどが嗜好品的な食料である点に、縄文時代の農耕の特質がある」（設楽二〇一四）と、弥生時代の水稲耕作を基盤とする農耕との量的かつ質的な違いを強調している。また、石川日出志氏は、縄文時代の農耕は「季節的に集中して採集する複数の資源と貯蔵を組み合わせて四季の食料を構成し、そこにいくつかの栽培植物を加えるのが実態であった」と評価している（石川二〇一〇）。おそらくこれらが現在の縄文農耕に対する一般的な考古学者のイメージであろう。

「狩猟・栽培民」の提唱

しかし、先の会田進氏の言葉にあるように、私たち圧痕調査を行っている者の間では驚きから日常化しつつある感覚ではあるが、縄文土器の中から圧痕資料として増加し続けるマメ類の現状を見て、また、「採集食料に補助的に加えられた栽培植物」という評価にとどめ置けるであろうか。縄文人たちは、少なくとも縄文時代の前期初頭には、すでにマメ類やエゴマなどの栽培技術をもち、規模の大小は別として、栽培（播種や植栽と除草、収穫）を行っていた。つい私たちは、イネやアワ、キビなどの大陸系穀物のみをメジャーフードとして意識しがちであるが、マメ類などの在来植物の栽培でも人口の増加は可能であった。藤森栄一・賀川光夫両氏が考えたように、縄文時代中期の中部高地や後晩期の九州地方に見られる遺跡の大規模化（人口の増加）の背景には、種類こそ異なれ、植物栽培が大きな役割を果たしたのである。さらに、縄文早期以来、北海道南部と東北地方北部で栽培されていたヒエも同様な存在であったと考えられる。

定義上「農耕」が、栽培植物が生業や食料の中で「支配的」となる段階である以上、縄文時代の栽培植物の事例は増え続けているとはいえ、まだ資料が十分に抽出されているとはいえない現状では、万人を納得させる「農耕」存在の立証は難しい。しかし、マメ類のような一年草に限らず、クリやウルシなどの木本類に至るまで、多様な植物を操る栽培技術の高さと、栽培・管理植物が彼らの生活の中で果たした役割を重視して、縄文人を「狩猟・栽培民」と再定義したい。

農耕はプロセス

さらに、考古資料として現れる植物種の量的評価の問題点や「農耕」の定義以外に、もう一つ注意が必要な点は、稲作農耕の起源地である中国大陸における農耕の発展も段階的であり、弥生時代の水稲耕作そのものは技術・人・思想がすべて輸入されたものであったという点である。

私たちは自らが生きる現代につながる穀物を主作物とする農耕のみを農耕と考えてはいないか。黒船が来なければ江戸幕府はそのまま封建体制を維持できたのだろうか。水稲耕作が来なければ平等な狩猟・採集の生活の中でマメ栽培は単なる補助食料の供給手段であり続けたのであろうか。中国の稲栽培も、徐々に野生イネから栽培イネの比重が増えていく段階を経て、完全な農耕を基盤とする社会が成立するまでには数千年の時間を要していた。完成された農耕社会の輸入版である、弥生の水稲農耕をもつ社会と比較して、縄文独自の発展段階を低く評価することは危険である。

考古学者広瀬和雄氏は言う。

〈文化の連続性〉という観点からいったん離脱してはどうか。縄文文化から弥生文化への移行は歴史的事実である。だからといって、その間の事情に優劣をはさみこむ理由はない。後の時代から前の時代を裁断してはならない。ひとつの文化が長期にわたってつづいたという事実と、それが解消された理由とは合致するかもしれないし、しないかもしれない。弥生文化の存在をいったん彼岸に預ければ、もうひとつの縄文文化が見えてくるかもしれない（広瀬二〇〇三）。

私は、G・クロフォード氏（Crawford 2008）が主張するように、縄文時代を農耕社会と狩猟・採集社会のような二分論で分類すべきではないと考える。そして、およそ一万二〇〇〇～一万三〇〇〇年間と、きわめて長い期間続いた縄文時代の社会や文化を一つの枠組みで括ってよいのかを再検討するべき時期にきているとも考える。そのキーワードは、これまで誰も積極的に評価してこなかった栽培植物の存在である。それは、日本の考古学界において縄文農耕が議論され始めておよそ七〇年が経過したが、この間、縄文土器中のダイズには誰も気づいていなかった。この事実は、私にとっては、「見ようとしなければ何も見えないこと」を教えてくれる教訓であるとともに、新たな視点から定説に挑むチャレンジ精神と勇気をもつことの大切さを教えてくれる教訓でもある。

コクゾウムシと縄文人

昆虫と害虫

害虫と呼ばれる虫たち

害虫といえば、すぐ思い出すのが、ゴキブリであろう。これは主として屋内で発生し、幼虫・成虫とも家の中の食品や生活ゴミを食べ、多量に発生する。このような食物害虫のうち、米などの穀物につく害虫を貯穀害虫《ちょこくがいちゅう》という。その代表格がコクゾウムシである。これら以外に、衣類につくカツオブシムシ類、家具や建築材につくシロアリやキクイムシ、本を食べるシミ類、さらには人間や動物の血を吸う蚊、ハエ、ノミ、シラミなどもすべて害虫と呼ばれる。人によっては、花の蜜を吸うハチの類やゴキブリを食べてくれるクモさえも不快に思う害虫の一種であろう。

このように、「害虫」とは、昆虫を含む節足動物のうち、人の生活圏に侵入し、人に直接または間接的に身体的苦痛や精神的苦痛を与える一群をさし、人が一方的かつ勝手につけた彼らにとってはきわめて不名誉な呼び名である。実は、害虫という分類群は生物学的には存在しない。貯蔵食物を加害する害虫のうち、人の貯蔵食物の中で発見されるほとんどすべての昆虫の種が、野外の貯蔵施設、鳥の巣、蟻塚、もしくはネズミなどのげっ歯類の巣の中、土の上の熟した種子や果実の上、落葉層、木の皮の下、もしくは死肉の上からも発見できるからである。ほとんどの貯蔵食物を加害する害虫は安定した栄養基と繁殖基（食料）を求めて、活発に広い範囲を動き回る。そしてそれらが、栄養基の人工的な堆積の中もしくは上で大量発生した時に初めて「貯蔵食物害虫」と呼ばれるのである。

この点からみて、害虫は人間が作った小さな環境に生態的な適応を果たした昆虫であり、貯蔵食物害虫は人間による食料の貯蔵という行為が永続的に行われることで持続可能な昆虫といえ、人為的環境なくしては生存しえない「栽培植物」と同種の生物群である。これはすこぶる文化的な分類群といえる。彼らは、自然環境にも逆戻りできるが、今は人間との共生（寄生）の道を選んでいる。

昆虫の生態

昆虫の種類は、現在一〇〇万種以上が知られていて、推定される種数は三〇〇万〜五〇〇万といわれる。ちなみに日本だけでも三万数千種の昆虫が知られている。彼らが地球上に現れたのは約四億年前で、四〇〇万年前に出現した人間よりもはるかに古い時代から栄えていた動物であり、このため、我々人間は地球上に現れたときから昆虫と深い関わりをもっていたといえる。私たち考古学者が研究対象とする遺跡は、およそ数万年前から最近までの間に人間によって築かれた生活の址であり、そこからは昆虫たちの遺骸が人との関わりを示す状態で発見される。

昆虫の繁殖に必要な環境や彼らが要求する食物は種によって決まっているため、昆虫は非常に小規模な住環境を反映する。また、変温動物であるため、ほとんどが気温に鋭敏に反応する。昆虫は彼らの求める気候の中では進化的に安定しており、気候や環境の変化ストレスに直面すると、遺伝的な適応よりむしろ、適当な場所に移動して食物選択を広げるという方法で適応を果たしているからである。彼らは第四紀の間、少なくとも数百万年の間、形態的・生態的・生理的にもほとんど変化しなかったこと、そのため環境史復元にきわめて有効な指標であることはよく知られている。

環境指標として有利な昆虫のもつ特性としては、

一、種類と個体数が多く、棲息域が至る所にある（資料の豊富さ・広域性）
二、特定の棲息環境を示す（分布の局所性）
三、同定がしやすい（個性的形態）
四、数百万年間、形態的・遺伝的変化に乏しい（遺伝的安定性）
五、温度変化に敏感で、それにともない居住域を移す（高移動性）

などが挙げられる。
このような昆虫のもつ特性に基づき、害虫類もそれぞれが加害する対象物や生活域はそれぞれに異なっている。よって、遺跡の中から発見される害虫の種類と構成から当時の人々の衣食住を知ることが可能となるのである。

害虫化徴候群とは？

では、昆虫はどのようにして害虫化するのだろうか。貯蔵食物害虫を例にそのメカニズムを見てみよう。

貯蔵食物害虫をはじめとする家屋害虫と人間の密接な関係が成立するのは、先に述べたように、環境変化に対応する昆虫の生態的適応力の高さによるもので、遺伝的な変化はともなわず、人間が作り出した様々な環境に適応し、人間に依存する生活型へとその生態を変化させたためである。植物の場合、野生植物の人間による栽培行為が始まると、植物は遺伝的形質を変えながら人間にとって有用な形質へと変化していく。これらの種々の変化は先に述べたように、「栽培化徴候群」といわれ、種子が飛び散らないことや、種子が大きくなることなどはその代表格である。害虫の場合、「共生」ではなく「寄生」であるので、人間側にはメリットはまったくない。この意味でも、人間が定住生活を送るようになり、食物の貯蔵を行うようになって以来、およそ一万年近くの年月の間、貯蔵食物害虫は人間との一方的な共生（寄生）を図るために進化を遂げてきた昆虫群といえよう。

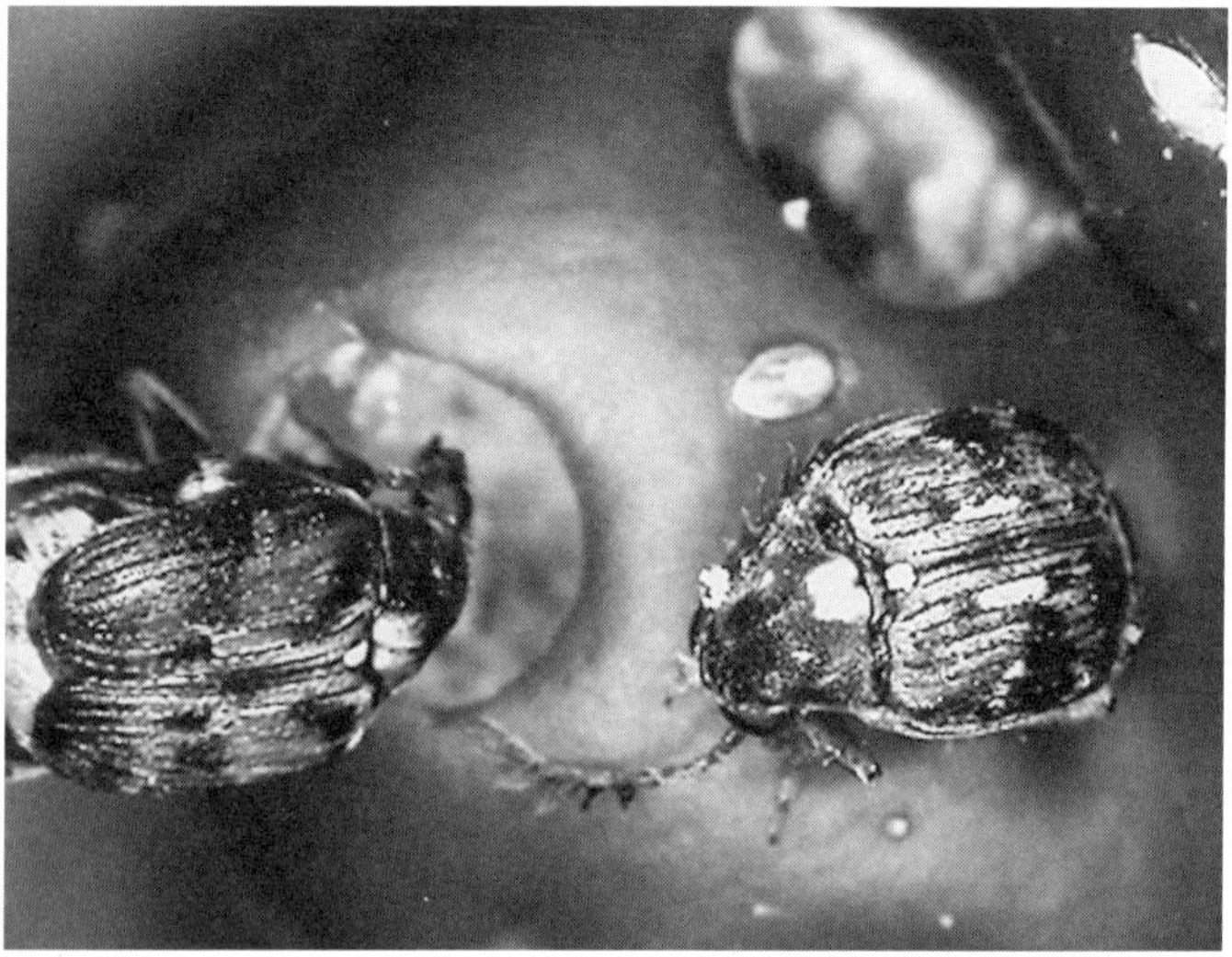

図15　アズキを加害するマメゾウムシ

この進化の過程を仮に、「貯蔵食物害虫化」（以下「害虫化」）、その貯蔵食物害虫化によって現れる生態的特質を「貯蔵食物害虫化徴候群」（以下「害虫化徴候群」）と呼ぶこととする。

その代表的な徴候とは以下の四点が挙げられる。

一、非飛翔性
二、成虫の非摂食性
三、多化性
四、休眠性の喪失

飛べない成虫　これらを示すよい例として、マメ類を加害するマメゾウムシ科（Bruchidae）の昆虫がある（図15）。害虫マメゾウムシ類にはその生活型に「野外型」と

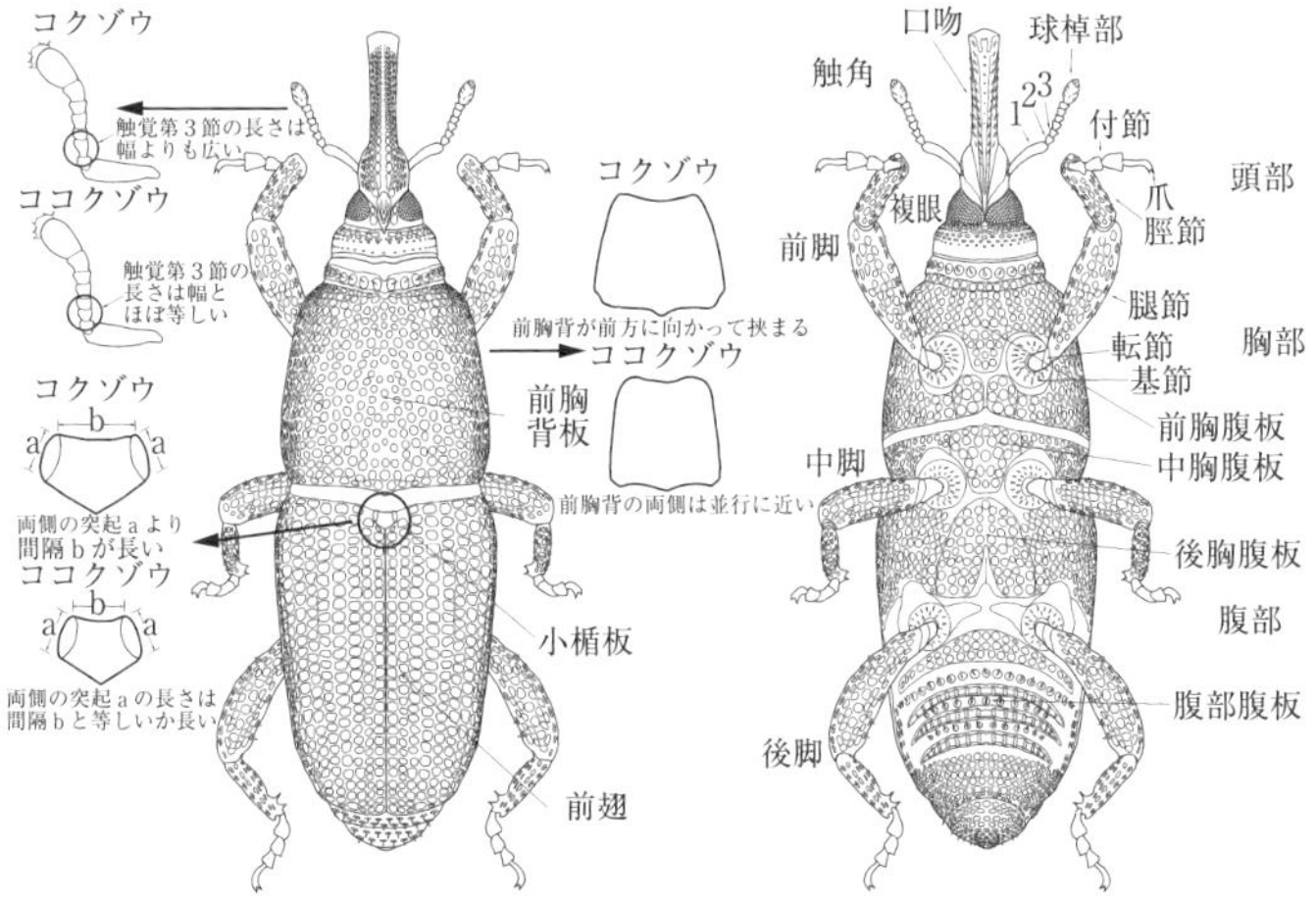

図16　コクゾウムシの各部位とココクゾウムシとの識別点

「屋内型」の二種がある。「野外型」とは、成虫が畑のまだ熟していないマメの莢《さや》に産卵し、その中で孵《ふ》化《か》した幼虫がマメ粒の中に入り、それを食べながらマメの成熟とともに育つもので、日本で確認されている害虫マメゾウムシ類のうち、ソラマメゾウムシ（*Bruchus rufimanus* BOHEMAN）とエンドウゾウムシ（*Bruchus pisorum* L.）がこれに属する。これに対し、「屋内型」はアズキゾウムシ（*Callosobruchus chinensis* L.）とヨツモンマメゾウムシ（*Callosobruchus maculatus*）がその好例で、幼虫は完熟したマメだけで生活を繰り返すことができる（梅谷一九八七）。同様に、コクゾウムシ（*Sitophilus zeamais* MOTSCHULSKY）が属するコクゾウムシ属甲虫の姉妹種であるグラナリアコクゾウムシ（*Sitophilus granarius* L.）と我が国のココクゾウムシ（*Sitophilus oryzae* L.・図16）は「屋内型」であり、彼らは完全に人間が作り出した人工的な穀物貯蔵システムに適応したものといわれる。とくにグラナリアコクゾウムシは今日まで自然の貯蔵場からは発見されていないという。これに対し、コクゾウムシは屋内型であるが、ムギ畑での圃場《ほじょう》加害も記録されており、野外型と屋内型の折衷型の生活型をもつ。コクゾウムシは八月頃から越冬場所へ移動を開始し、休眠する。そして春先に花の蜜を吸い、六月頃倉庫にムギが運び込まれると、貯穀場所へと侵入する。グラナリアコクゾウムシやココクゾウムシは、人間の作り出した貯蔵食物の栄養基の中で一年間を過ごし、基本的に飛翔できない。それは、貯蔵場の乾燥環境に秘密がある。

通常、種子と乾燥した植物質食物はほとんど水分を含んでいない。よって、昆虫は乾燥食物の中の炭水化物をより小さな分子に分解（異化）して水分を得ている。このような適応はコクゾウムシ属を含む多くの貯穀害虫に見られる。彼らは、呼吸による水分の損失を最小限に抑えること、つまり気体の代謝と呼吸が必要なすべての行動をやめることによって、乾燥を弱め、砂漠や穀物貯蔵所のような乾燥環境の中でも生きられるようになったのである。実は、昆虫が飛ぶために必要とされる酸素は基礎代謝の一〇～一〇〇倍も高く、多くの水分を消費する。飛ぶためには、呼吸孔を通じた呼吸によるガスの増加が必要で、飛翔しているときは、呼吸孔は完全に開いている。しかし、砂漠に住む甲虫の多くの種が、上翅《じょうし》を癒着させ、腹部の呼吸孔の周りに下翅《かし》の部屋をつくり、その中を水蒸気で満しながら、上翅の後ろ端にある細長い孔で自然の呼吸をすることで、呼吸による水の損失を最小限に抑えているのである。上翅が癒着していては、飛ぶための下翅も広げられないことになる。

グラナリアコクゾウムシが、ココクゾウムシに比べて乾燥に対して強いのは、グラナリアコクゾウムシが飛ぶことを放棄したからで、彼らの上翅も癒着している。ココクゾウムシの上翅は癒着しておらず、肉体的には可能であるが、彼らはほとんど限られた飛翔行動しかみせない。ココクゾウムシが飛翔行動を制限しているのは、彼らも極限の乾燥条件へ適応しようとしているためなのである（Plarre 2010）。

野外との往来

マメを加害するヨツモンマメゾウムシの成虫にも、飛翔型と非飛翔型があり、形態的にも異なりが見られるという（図17）。飛翔型は翅《はね》が長く、飛ぶためのエネルギーとなる脂肪量も多いのに対し、非飛翔型は脂肪が少ない代わりに、腹の中には成熟した卵がつまっていて羽化直後でもすぐに交尾・産卵を行うことができる。つまり非飛翔型の方が屋内のマメの貯蔵という環境では、増殖に適しているといえる。

しかし、貯蔵所に保存されるマメやコメは無限ではない。人間もそれらを消費するし、

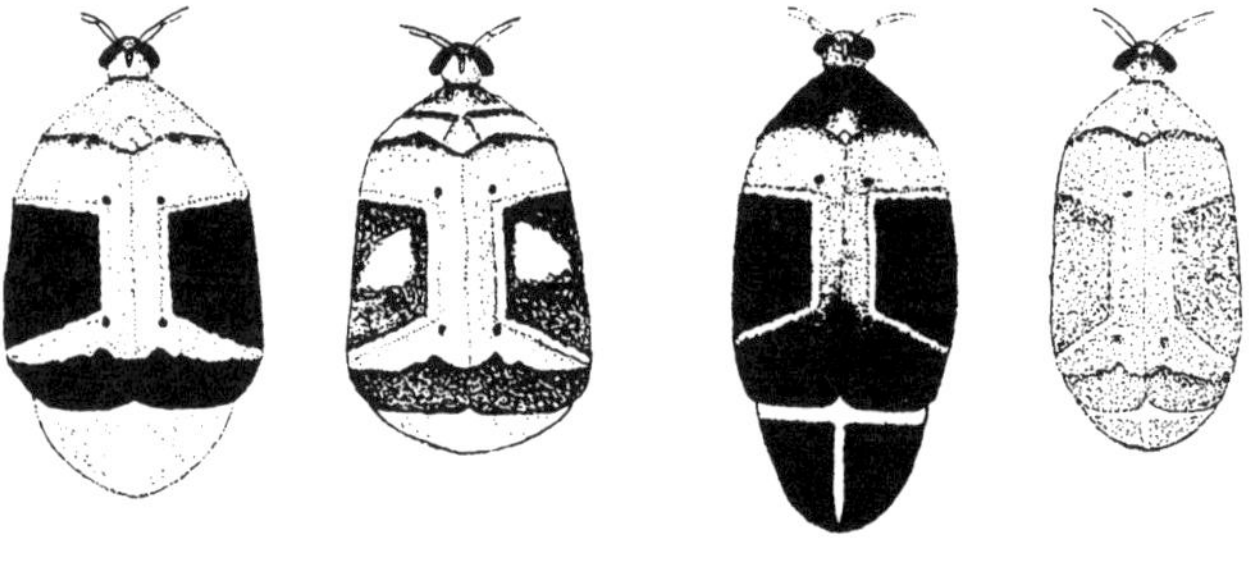

図17　ヨツモンマメゾウムシの飛翔型と非飛翔型（Utida 1972）

彼らもそれらを食べつくしてしまえば、子孫など残せない。そこで、飛んで別のマメ貯蔵所や野外のマメ畑へ移動せねばならない。

しかし、生物とは不思議なもので、飛べなかった彼らが飛べるようになるのである。そこにもちゃんとした自然の仕組みが隠されている。貯蔵マメの中で産卵を繰り返すと、幼虫の密度が高くなる。すると、多数の幼虫たちの新陳代謝によって出た熱が生育に影響を与え、発育の遅れた個体が発生する。この体の弱い個体は、野外の圃場で育つ個体と同じように長い時間をかけてゆっくり成長する。すると飛べるようになるのである。

この先祖返りともいうべき個体は、直接別の貯蔵マメに移動するか、そうでなければ、野外へ移動し畑のマメを食べて延命し、それらに卵を産みつける。卵を含んだ圃場マメは収穫・貯蔵され、再び彼らの繁殖の機会が創設される（梅谷一九八七）。実に見事な生態適応であり、生存戦略でもある。

冬期の休眠から覚めたコクゾウムシが花の蜜を吸う姿が目撃されているが、コクゾウムシ属甲虫もこの点から見て野外型と屋内型の二型をもっているといえる。ただし、コクゾウムシの飛翔範囲は、伝播源（農家の穀倉）から四〇〇メートル《メートル》を越えないという（吉田ほか一九五六）。また、ヨーロッパや地中海域の考古学遺跡から発見されている害虫の中にも屋内型で飛翔性をもたない種が四種類ほど存在する。その中には、目が見えない種もあり、人間および加害物の移動が無ければ拡散が不可能で、その拡散を完全に人間に依存しているものもいた。この点から見ても、コクゾウムシ属甲虫も人為的な栄養基の移動・運搬が無ければ広範囲の拡散が不可能な害虫といえる。

種子中での生育

コクゾウムシ属甲虫が繁殖したり、穀物粒に適応するためのもう一つの重要なことは、共生バクテリアの所有である。このバクテリアは普段は成虫甲虫の細胞質の中にいるが、卵母《らんぼ》細胞を通じて、卵形成の際に次世代に引き継がれる。この共生バクテリアは寄生主である甲虫と栄養素の間の効果的かつ効率的な代謝のための相互作用という重要な仕事を行っている。コクゾウムシ属甲虫は、追加の栄養素がなければ、穀物の上での幼虫の成長に極度の遅延を引き起こしたり、成虫の飛翔能力を失ってしまう。しかし、この内部共生者を保持することで、コクゾウムシ属甲虫のそれぞれの種は様々な栄養素と繁殖基の質にほとんど無関係に適応できるのである。この性質は、デンプンは豊富であるものの偏った栄養素しかない穀粒の上で発達するための重要な要件の一つとなっている。

コクゾウムシ属甲虫のすべての種は、種子の中で蛹《さなぎ》になり、成虫になるまでそこを離れない。このような適応は、人間による穀物貯蔵が始まる前に、鳥やげっ歯類のような動物たちが種子を採集し、それを将来の消費のために安全な場所に保存していた頃にさかのぼる。

コクゾウムシ属甲虫が人為的環境（貯蔵種実）や自然環境（野生種実）の二つ以上の環境で発達することは、新石器時代に人間による穀物の栽培と備蓄が始まる前にすでに行われていたと考えられる。ゾハリー氏は、肥沃な三角地帯の中の下草として野生の穀物が生えたコナラ属の森において、グラナリアコクゾウムシは人間が栽培に適応する前に、あるげっ歯類の堅果類《けんかるい》貯蔵場から人間の堅果類貯蔵場へ移動したと考えている（Zohary 1969）。その根拠としては、ムギ類などの穀物の祖先（野生）種の頴果《えいか》はグラナリアコクゾウムシが育つには小さすぎること、これらの地中海周辺から西への拡散が最初の農耕民たちの移動によるものであることを挙げている。

これに対して、プラーレ氏は、貯蔵穀物に対する加害は南西アジアの山岳森林近くの地

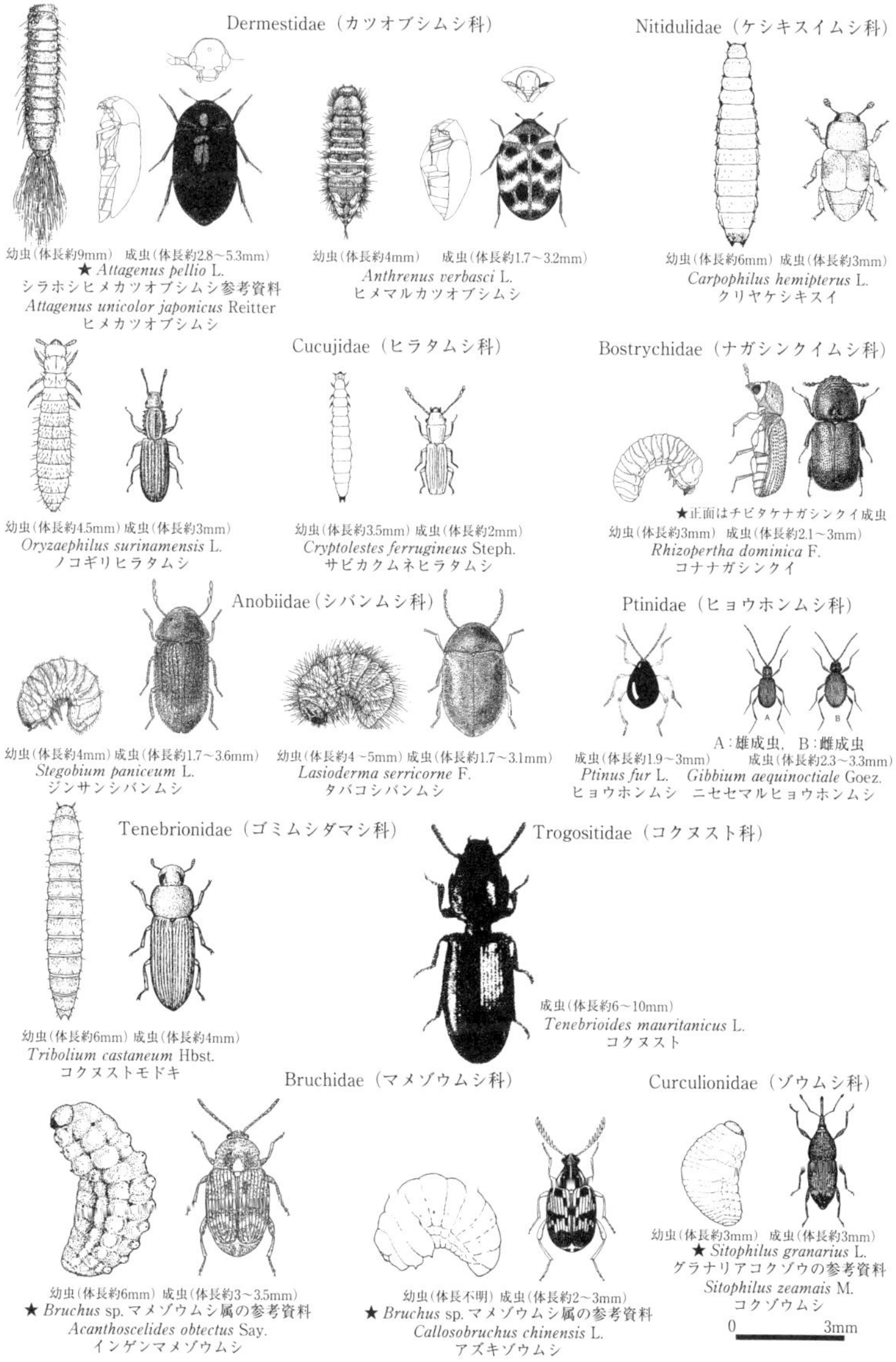

図18　各種害虫の幼虫と成虫

域で起こったと想定している（Plarre 2010）。ここでは、栽培穀物とともに、山岳森林から採集したドングリも一緒に貯蔵されていた。ただし、その段階では、ドングリも穀物もまだ多様な採集資源の中の一つの構成要素に過ぎず、種類や構成も安定的なものではなく、貯蔵施設においても、害虫にとってそれらの利用は断続的にならざるを得なかった。そのため、当時は人が栽培した貯蔵穀物の中だけで繁殖するコクゾウムシ属の一群は発生しにくかったものと思われ、その当時は貯蔵穀物に寄生した甲虫と野外に棲《す》む甲虫との間に高いレベルの遺伝子拡散があったと考えられている。また、貯穀害虫のゾウムシ類は適度な温度であれば食物がなくても数ヵ月生き延びることがよく知られており、コクゾウムシ属甲虫たちは、一定時期ではなく、適度な時期に繁殖を行うことや変化する食物資源へ適応できるという性質をすでに獲得していたと考えられる。それは、野外での彼らの本来的な自然界での食用植物であるフタバガキ科とコナラ属が一定しない時間で熟する種子をもっていたためである。

短命・多産の訳

「屋内型」のマメゾウムシ類には、交尾や産卵のために、成虫になってから食物を必要としないという共通した性質がある（梅谷一九八七）。このような成虫は、羽化したときにはすでに交尾・産卵できるまで成長していなければならない。しかし、この仲間にも立派な口器があり、成虫が野外の花に来て花粉を食べている姿がときおり観察されている。また、餌を食べさせると、長生きをするという実験結果がある。その際、交尾をさせないとさらに寿命が延びることがわかっている。これに対し、年に一回発生する「野外型」のマメゾウムシ類（摂食型）は一年間の生活史を幼虫の育つマメの生育に合わせて調節する仕組みを身につけている。つまり、秋に羽化した成虫は休眠して冬を越し、翌年にマメが実をつけるまで産卵を待つことができるのである。

これに対し、「屋内型」は一年に何回も発生する多化性の性質がその基盤になっている。つまり、「屋内型」のマメゾウムシ類は、完熟した貯蔵マメの上でマメを摂食できないため、その生き延びる戦略を、栄養分を産卵にまわし、その発生回数を増やすという生態へ変化させて適応したものと考えられる。これは、上記のコクゾウムシ属甲虫と同じく、野外では熟期の定まらない一年中いつでも種子が見られるリョクトウの野生種などのマメ科植物を寄生主としていた先適応の姿であるという。

害虫化の生理的メカニズム

以上を要約すると、貯穀害虫に見られる、寄生主の種子粒の中で完全な発育を行うこと、バクテリアとの内共生、そして乾燥環境の中で水分の損失を防ぐための飛翔行動の減少、成虫の非摂食と多化性などは、人間による種子貯蔵の開始以前に、野生動物の種子貯蔵に対応していた頃の先適応であり、結果的にこれらすべてが、人間とともに存在する貯穀害虫として成功裏に生き残るため有利に作用した。

そして、先史時代には、少なくとも穀物や種子の局所的な交易（人為的移動）の可能性がなければ、害虫化し始めていた集団の拡散は不可能であり、彼らの人為的貯蔵食物への「適応実験」は失敗していたものと考えられる。しかし、幸運にも、人間たちによる種子の蓄えと共有、そして貯蔵地域を多季節にわたって利用するという人間の行為によって、食物の伝送による彼らの「普及の機会」が作り出されたのである（Plarre 2010）。

遺跡出土の昆虫と研究法

昆虫化石の産状

では、遺跡の中では昆虫はどのような状態で発見されるのであろうか。昆虫は、嫌気性《けんきせい》の堆積物（低湿地の堆積物など）の中から植物遺存体に次いでもっとも一般的に発見される同定可能な大型化石といわれる。低湿地遺跡を掘ったことのある考古学者なら誰しもがコガネムシやタマムシなどの虹色に輝く光沢のある外殻片を発見し、その美しさに感動を覚えた経験があろう。また、炭化した糞や穀物などの物質の中に含まれた昆虫も保存される場合がある。昆虫はキチン質（多糖高分子で無脊椎動物の体表を覆うクチクラなどの主成分。繊維状で強い構造をもつ）の外殻をもつため、湿潤であれ乾燥であれ、埋没環境が安定しさえすれば遺存状態はよいのである。とくに甲虫の外殻は永続性があり、普通のハエは蛹《さなぎ》状態で残りやすい。このため、昆虫は、考古学や環境史学の研究の対象物となりやすいし、その場合、低湿地堆積物がその探査の主対象となる。

考古学的な残存状況には以下の四態が紹介されている（Panagiotakopulu 2000）。

①湿った条件下での残存＝泥炭層、湖・井戸などの堆積物

②炭化による残存＝炭化した種実とそれに関連する害虫は人為的原因で起こる場合もあるし、火山噴火などでも起こる

③乾燥による残存＝非常に乾燥した地帯の遺跡の特徴

④鉱化（無機化・Mineralization）による残存＝方解石《ほうかいせき》の厚い層によって覆われた昆虫の抜け殻

最古のグラナリアコクゾウムシの化石は土器圧痕《あっこん》であるという。この土器圧痕は、④の鉱化による抜け殻とよく似た残存状況である。ただし、土器内や土器上の圧痕は土器焼成による熱によって生物体が焼けて形成されるもので、まれに圧痕内部に炭化した昆虫が残存している場合がある。両者の化学変化の違いを考慮すると、新たに「⑤土器圧痕」を加えることができる。以下、①〜③を「生体化石」、④・⑤を「無機化石」と呼び、土器圧痕の場合、単に「圧痕」と表記する。我が国の考古学遺跡における無機化石の好例としては、古墳から出土する鉄器のさびとして残されたハエの蛹圧痕を挙げることができよう。

ただし、我が国の考古遺跡では、主に、生体化石、中でも昆虫遺体をもっとも多く出土する①の湿った条件下から得られたものを対象に研究が進められてきた。

日本の昆虫考古学

我が国の昆虫考古学の第一人者、森勇一氏によると、古環境を推定する際の指標となる昆虫は、次の六種類に分類されている（森二〇〇四）。①水域環境（流水性・止水性・湿地性）、②植生環境（草原性・訪花性　森林性）、③栽培および農耕（稲作害虫・畑作害虫）、④汚物集積（食糞性・食屍性）、⑤地表環境（湿潤・砂地乾燥・林床）、⑥気候推定（寒冷型・温暖型）である。これらは昆虫が人為的に改変された環境を含む古環境の復元の指標として有利なことを示している。

ただし、ここで示される昆虫相は自然環境を軸としており、人間が関与した環境（空間）も「都市」や「里山」など大きな生活環境の区別にとどまり、「トイレ」や「ゴミ廃棄場」などの一部を除いて、より小さな住環境を示してはいない。また、害虫として扱われるのはコクゾウムシを除き、稲や畑作物の害虫であり、いわば野外型の昆虫群ばかりである。同様に昆虫と人の関係を概述した初宿成彦氏らの著書においても、トイレやゴミ捨て場以外は、昆虫遺体が示す周辺環境以上には迫れていない（大阪市立自然史博物館一九九六）。このような中、宮武頼夫氏は意識的に「屋内害虫」という分類群を作り、平城京址の長屋王《ながやおう》邸・藤原麻呂《ふじわらのまろ》邸出土のクッキー状の炭化物の中に入ったコクゾウムシを紹介し、粉についたまま固められた可能性を指摘している（宮武一九九九）。さらに平城京から発見されたノコギリヒラタムシ（*Oryzaephilus surinamensis* L.）やゴミムシダマシ（*Neatus picipes*）などの貯穀害虫も紹介している。

しかし、総じていえば、ヨーロッパなどの地域に比べて、我が国の昆虫考古学の調査や研究においては、家屋害虫に関する研究はきわめて低調であるといわざるを得ない。貯蔵食物害虫もコクゾウムシやヒラタムシの類を除いてはほとんど知られていない。これは、その分析対象が低湿地遺跡の泥炭層などに偏って行われてきたことに原因があるものと思われる。

西欧の昆虫考古学

ヨーロッパ、とくに英国では、環境考古学の分野において、昆虫が果たす役割はきわめて大きい。とくに人間が改変した環境に昆虫がどのように適応したか、つまり、都市における人の行動や生活環境を復元するために、昆虫がその証人となるのである。たとえば、カロットとケンワード両氏はアングロサクソン期のヨークのコーパーゲイトにおける土壌中から出土した七五〇以上の試料から得られた甲虫を中心とした昆虫類を統計学的に解析し、屋内相、屋内外の腐食物質、溝などの有機物の多い堆積物相、汚水溜まりやトイレ相などに分類した（Carrott and Kenward 2001）。そして、屋内相には、干し草や麦わらなどの乾燥植物、木を食べるもの、人につくノミやシラミ、貯蔵食物を加害するものなどをこの仲間に入れている。そして性格の異なる堆積物とそれぞれの昆虫グループとの間にある程度の相関があることを述べている。結果的に、都市という環境に限られるが、遺跡出土の昆虫相から、屋内堆積物やトイレの堆積物だけではなく、溝や不潔な家畜の飼育場、羊毛を処理した場などを特定することに成功している。

しかし、このような状況の中で、まだ十分に研究がなされていないのが、貯蔵食物害虫がどのようにして考古学的記録に残るのかという点である。これについてスミスとケンワード両氏は一定のモデルを示した。英国のローマ期の堆積物からよく発見される貯蔵食物害虫は、昆虫相の五〇〜七〇％であり、多い場合は九〇％を超えるという。その主要なものは、グラナリアコクゾウムシ、ノコギリヒラタムシ、アカケシヒラタムシ（*Laemophloeus ferrugineus* Steph）の三種であり、これらは多量に出土する。これら害虫が遺跡堆積物として出土する経路として、穀物の収穫後、加害された穀物が、①偶然屋根材や他のものに入りそれらが廃棄されたり倒壊した場合、②貯蔵所から加害された穀物が井戸や溝に捨てられたり焼却された場合、③加害された穀物が、再度家畜の餌やビールの醸造、または人間の食用に供された場合などに分けられており、最後の人間の食事の場合に、害虫の生体化石がトイレ遺構の土壌中から発見されることになる（Smith and Kenward 2011）。

これは簡略化された想定モデルであるが、コクゾウムシなどの害虫が、遺物となり、遺跡堆積物として発見されるまでの過程が思いのほか複雑であったことを予想させる。

食べられた？貯穀害虫

福岡市にある古代迎賓館の址である鴻臚館《こうろかん》遺跡で最初にトイレ遺構が発見されたとき、その土壌中からコクゾウムシの生体化石が一点検出された。また、このトイレ遺構の認定の根拠となった藤原京のトイレ遺構の土壌からも一点のコクゾウムシが発見されたので、松井章氏はこれらを人が食べた米の中に紛れていたものと解釈した。たしかに、コクゾウムシを食べて、人間の排泄物中から消化されずに本当に出てくるのかという点については、実際の実験が行われ、ほとんどダメージを受けずに排出されることがわかっている（Buckland 1990）。余談ではあるが、トイレ遺構から多量に発見されるウリの種子の成因を調べるために、同様に自ら食して排泄物中の種子の産状を観察するという、いわば体を張った実験をされた知己の先生がいることを思い出した。アレルギーの成因を調べるために寄生虫を自らの体内で育てた寄生虫学者もいる。洋の東西を問わず、学者というものはかくも研究に対し真剣で情熱的であるかを感じさせるエピソードである。勇気ある実験をされた方々に、同じ研究者として心から敬意を表したい。

経口排泄されたと考えられる貯穀害虫の例は、この我が国の古代トイレのコクゾウムシだけではない。スコットランドのバースデンにあるローマ軍の砦の溝からはグラナリアコクゾウムシが入ったコムギや粥《かゆ》の残滓《ざんし》が報告されているし、ヨークのローマ時代の下水道の中の貯穀害虫の塊は人間の排泄物から入り込んだものと解釈されている。先のカロットとケンワード両氏の研究においても、トイレ堆積物の昆虫グループには、マメゾウムシの類が含まれ、加害されたマメを食した結果であると考えられている。また、宮武氏が示したコクゾウムシ入りクッキーは、害虫に加害された食品であっても、当時は意外と気にせず食していたのか、という気にさせるものである。そうであれば、コクゾウムシの弥生時代の唯一の生体化石の例である池上曽根《いけがみそね》遺跡の場合、それらが出土した環濠は、宮武氏も指摘するように、トイレにも使用されたということになる。

しかし、害虫の排出した尿酸や微細植物（カビやコケ）が増えると、それらが毒となり、人体や家畜に大きな影響を与えることも知られている。一四三二年のノッティンガムの例によると、トーマス・シャープという人物が、コクゾウムシ属甲虫によってダメージを受けた麦芽を売り、それによって飼育されたブタ、メンドリ、ニワトリが死んだことで告訴されたという事件が起きている。

筆者は二〇〇三年に発掘調査された鴻臚館北館のトイレ遺構の土壌を分析した際、パンコンテナ一箱の土壌から多量のウリやナス科の種子とともに、一三二点のコクゾウムシの

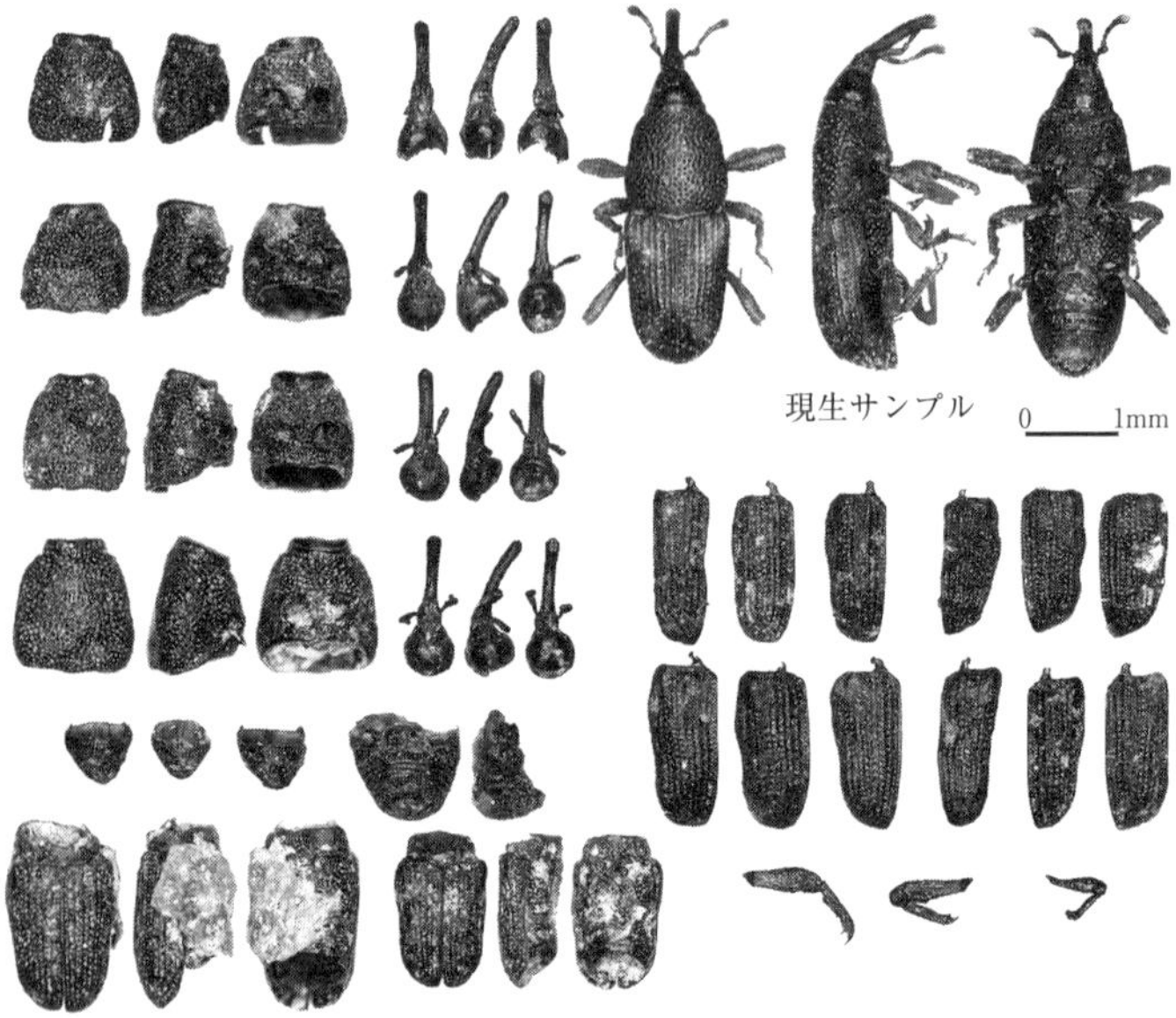

図19　鴻臚館北館のトイレ遺構から検出されたコクゾウムシの生体化石（8世紀前半）

生体化石（部分）を検出した（図19）。筆者もこの発見前まではコクゾウムシは人が食べたものと疑わなかった。しかし、今では、あまりに発見数が多いため、この鴻臚館北館のトイレ遺構から発見したコクゾウムシの生体化石は加害された米と一緒に廃棄されたものであろうと推定している。しかし、先の「食べられる」、いや「食べたら毒になる」という議論は、加害の程度がよくわからないので、最終的な結論を下すことはできない。ただし、今、私たちが目の前にしている、土器圧痕として出てくるコクゾウムシたちは、明らかに経口排泄物に由来するものではない。では、土器から発見されるたくさんのコクゾウムシたちは、なぜ土器の粘土中に入ったのだろうか。

三内丸山遺跡での検証

二〇一二年より、調査のため青森市にある、かの有名な特別史跡三内丸山《さんないまるやま》遺跡を訪れることになった。そのきっかけは、ある論文の写真の中に三内丸山遺跡出土のコクゾウムシらしき昆虫の生体化石を見つけたからである。コクゾウムシに人並み以上の親しみを感じていた筆者は、その写真を目にして飛ぶように三内丸山遺跡に出かけた。そこには、およそ五〇〇〇年前のコクゾウムシ属の生体化石が実際に発見されていたのである（図20上段）。その後、体こそ大きいが、たしかにコクゾウムシであると、九州大学の森本桂氏が同定してくださった。なぜこの本州最北の地にコクゾウムシがいるのかを知りたくて、三内丸山遺跡の特別研究に応募して、土器圧痕でコクゾウムシを探すことにした。結果的に五万点ほどの土器を見て、一八点のコクゾウムシ圧痕を検出することができた（図20下段）。もちろん、これら圧痕はこの時点で列島最北のコクゾウムシ圧痕でもあったが、この三内丸山遺跡は、生体化石を出土する縄文時代の遺跡としては全国でも唯一の遺跡であり、さらには、コクゾウムシ以外にも多数の家屋害虫と思われる昆虫の圧痕を検出することができたため、昆虫圧痕の成因について深く考えるきっかけとなった。

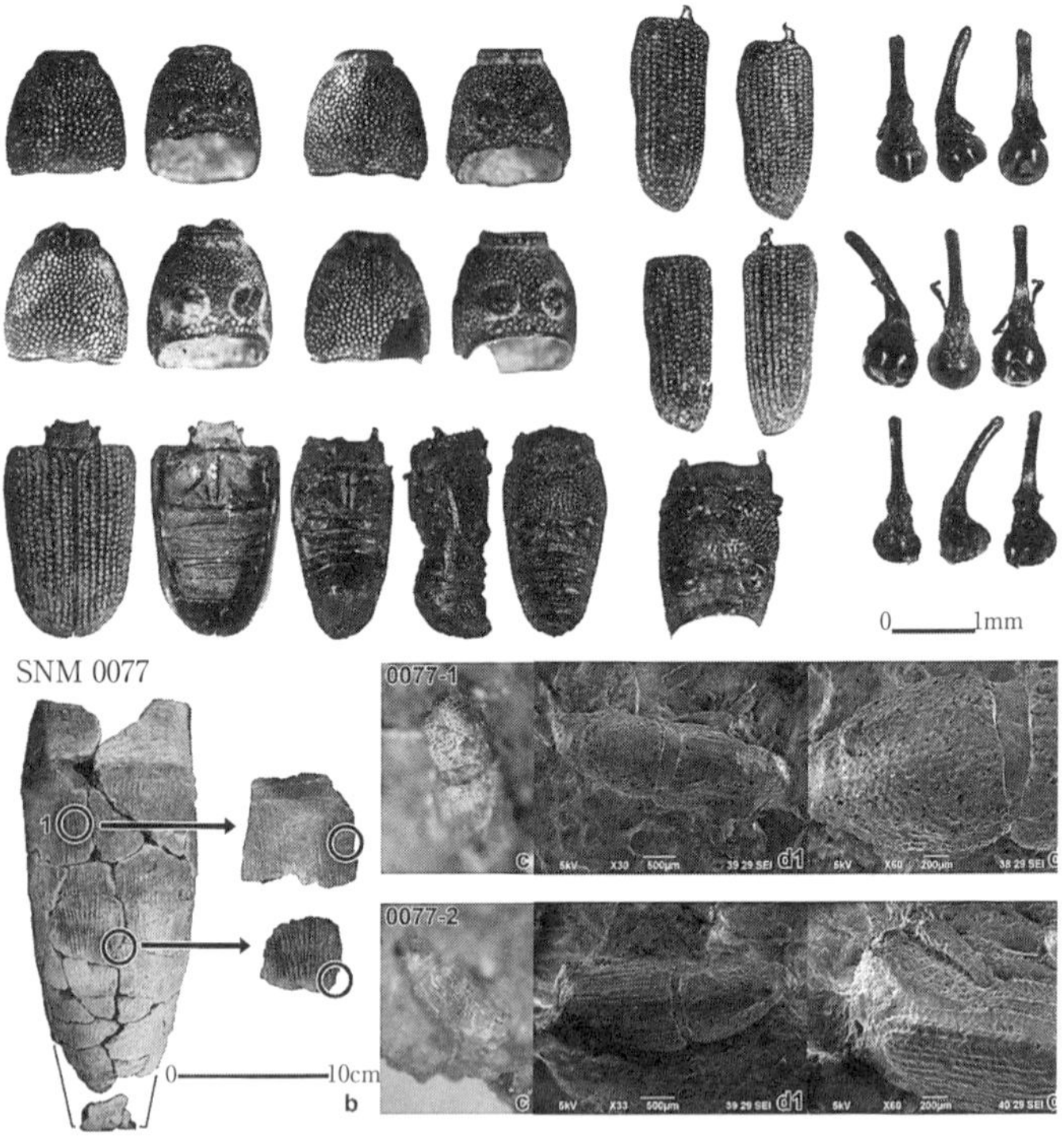

図20　三内丸山遺跡から発見されたコクゾウムシの生体化石と圧痕

国立歴史民俗博物館の第一展示室には、この三内丸山遺跡の大型建物とその前庭のようすを復元したジオラマがある。よくできたジオラマで、この建物前面の広場では女性や子どもたちが土器を作り、それを焼く姿も表現されている（図21）。しかし、土器圧痕として多数検出されたコクゾウムシや家屋害虫は、土器作りの場面がこのような屋外ではなかったことを訴えている。この虫たちの叫びに耳を傾けてみると、新たな研究の着想点、つまり、土器圧痕はどのように形成され、何を残しやすいのかという疑問と、圧痕を土器作りの技術や場を復元する素材として使用できないか、というアイデアが浮かんできた。結論から述べると、土器中に紛れ込んだ昆虫や小動物は家屋内もしくはその周辺に棲息していたもので、土器が製作された場所もそのような昆虫や小動物が入りやすい環境であったと推定される。その際、土器中の生物体は、植物も含め、人間が利

図21　三内丸山遺跡の土器作りのようす
（右手奥，国立歴史民俗博物館所蔵）

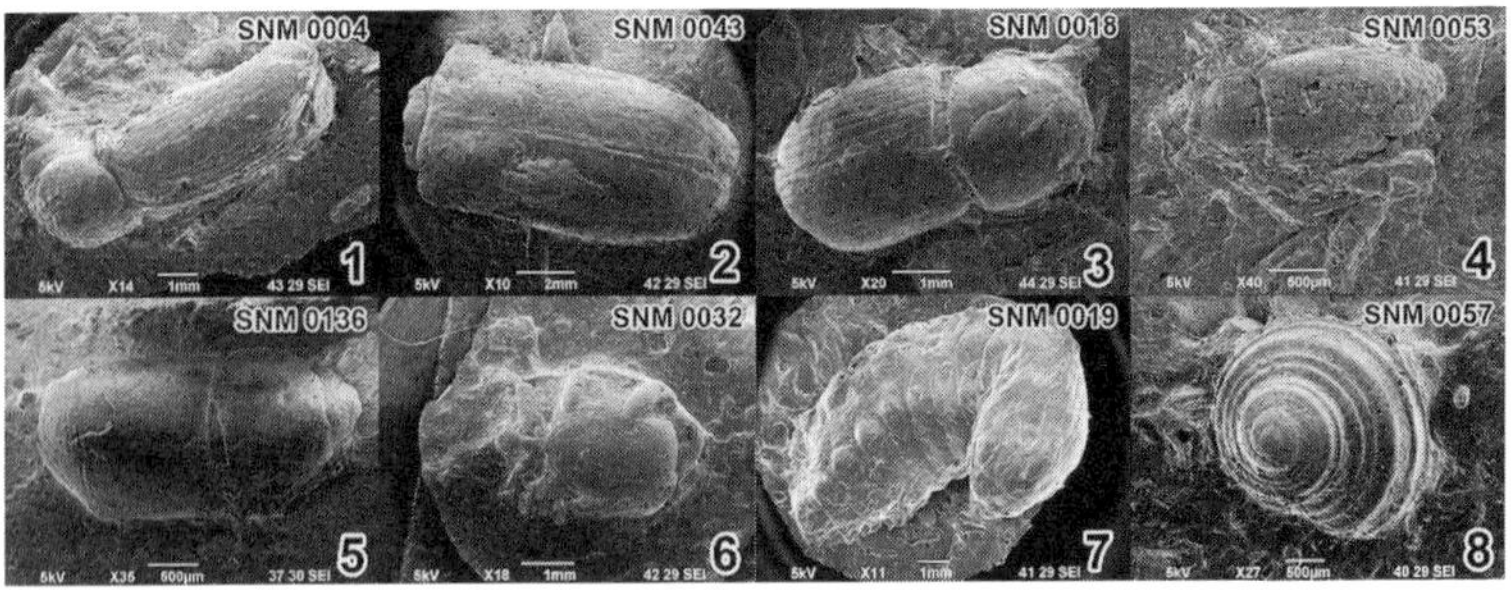

図22　三内丸山遺跡から圧痕として検出された昆虫・陸生巻貝
1オオナガシンクイ，2カミキリムシ科，3マグソコガネ，4トゲムネキスイムシ属甲虫，5デオキスイムシ属，6・7不明昆虫幼虫，8陸生巻貝

用したもの、もしくは人との関わりの深い生活環をもつ生物群であった可能性が高いといえる。その候補として、植物の場合は野生有用植物や栽培植物が、昆虫の場合は家屋害虫が想定される。

圧痕と生体化石の違い

エリアス・ケンワード・スミス諸氏の研究によると、住居址の床土から出てくる昆虫はそのすべてが家屋害虫ではないと結論づけられている（Elias 2010, Kenward 1985, Smith 1996・2000）。それは虫自体の侵入もさることながら、人や屋根に巣食うネズミや鳥などによっても家の中に運び込まれるチャンスがあるからである。しかし、人為的な障壁を潜り抜けて昆虫が土器胎土《たいど》に入るには、様々な抜け道があるものの、家の中より条件は難しくなる。このような場合、野外から屋内へ、屋内から貯蔵所へ、それらから土器胎土中へ移っていく過程で、昆虫相の種類と数の構成は変化するはずである。

つまり、野外から土器への道のりの中で、昆虫の種類は減少し、それとは反対に、一種類当たりの個体数や家屋害虫・共生害虫の比率は増加するはずである。

この仮説を実際の資料で検証してみた。三内丸山遺跡では、北の谷泥炭層や第六次調査区などをはじめ、五地点の遺跡土壌から昆虫遺体が検出されている。その中には、コガネムシなどの糞虫の類やクリシギゾウムシなどのドングリ虫、カメムシなどの甲虫のほかに、ショウジョウバエの幼虫や蛹なども発見され、それらを食べに集まったハネカクシ科やエンマムシ科、オサムシ科など、食肉・食屍性の地表性歩行虫が多数発見されている。

以上の資料に、土器圧痕を加えると、三内丸山遺跡から発見されている甲虫・小動物は、科・目レベルで二五種に分けることができる。これらを、その生態から、自然に野外に棲息する「自然種」（一部人間利用の植物に食害を与える）、汚物や腐肉に集まる「衛生種」（ハエの蛹や幼虫）、人間の住まいにも棲息する「共生種」、そして貯蔵食物や材を加害する「害虫種」の四種に分類した。

これを先の仮説と比較してみると、種の数は圧痕資料の方が少なくなるわけではない。むしろ害虫の種類が増加し、野外の資料とほぼ変わらない数値を示した。また、一種類あたりの個体数は仮説に反して圧痕資料の方がむしろ減っている。これらは、土壌資料中のハエ類の蛹とそれらに集まる衛生害虫の多さに示されるように、本遺跡の泥炭層が廃棄物

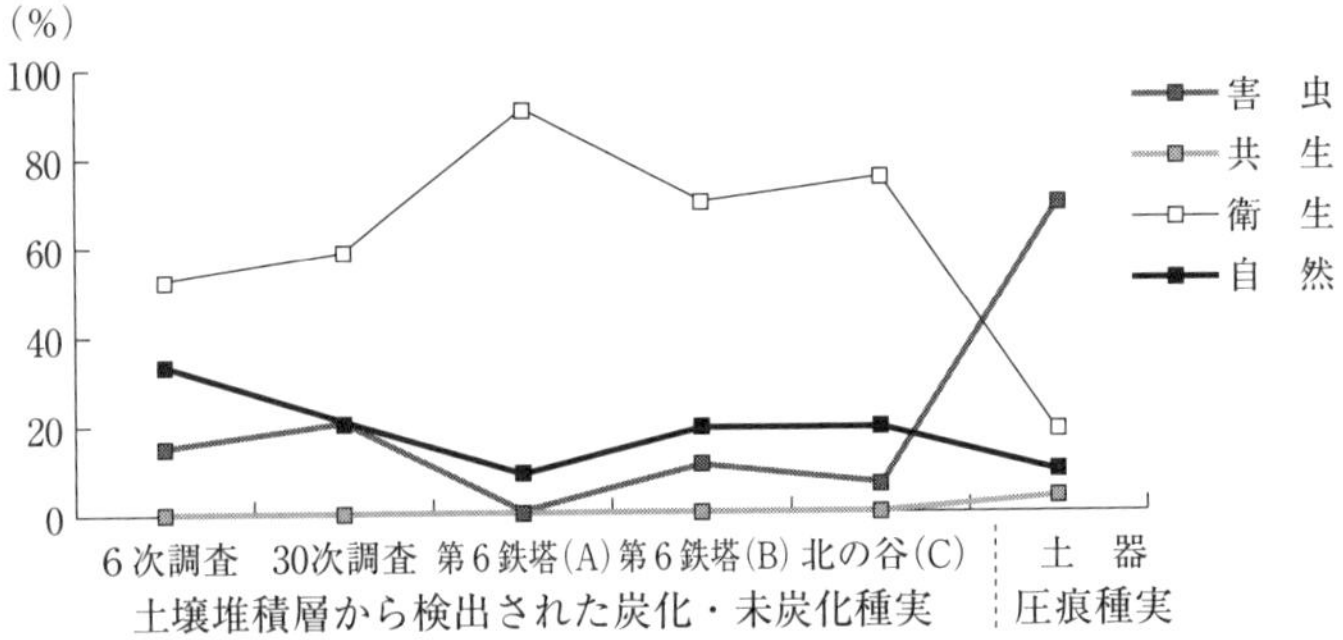

図23　三内丸山遺跡における資料別の昆虫組成比

や排泄物などを含む人為的堆積物であり、まったくの自然状態下での堆積物ではないため、特定種の数が多く、種類も限定されることに起因している。しかし、このような人為的堆積物と比較しても、衛生種・共生種・害虫種の自然種に対する比率は圧痕資料が九四%ときわめて高い。害虫種のみに限ると、野外堆積物で最も高い三〇次調査資料が二一%であるのに対し、圧痕資料は七二%と昆虫相・小動物相のほぼ四分の三を占めている。遺跡土壌資料は自然種が一定量含まれ、ハエ類などの衛生種が主体を占めているが、圧痕資料では害虫種がそれらを抑えて、八割という高率を示しているのである（図23）。

全国のムシ圧痕

二〇一三年に日本全国および韓国の圧痕昆虫を集成した際の数値では、コクゾウムシ属甲虫以外の昆虫・小動物圧痕は総計で四〇点であった。うち、甲虫目は植物性食物（穀物）や木材を加害する害虫がほとんどであり、コクゾウムシ圧痕を加えると、個体数にして全体の八割弱を占めていた。それ以外に、腐肉や汚物に集まる双翅目《そうしもく》（ハエ類）の幼虫や蛹、それらを捕食するエンマムシ科やシデムシ科の甲虫、食糞性のマグソコガネなどの衛生昆虫、さらにはドングリやクリなどに寄生するゾウムシ科の幼虫なども認められ、圧痕資料が共生昆虫や害虫をきわめて高い比率で含んでいることを示していた。その中でも屋内型の害虫が比較的高い比率を占めていた。

以上を総合すると、同じ遺跡の資料でありながら、土壌資料に比べて圧痕資料の方が家屋害虫や共生害虫の比率が高く、土器胎土中には野外種の紛れ込みが少なかったといえる。そして、全国的な傾向もこれを裏づけていた。

コクゾウムシから見た縄文人の暮らし

イネは食べなかった

山崎純男氏によって、二〇〇五年に初めて発見された縄文土器の圧痕《あっこん》コクゾウムシは、熊本県大矢《おおや》遺跡の縄文時代中期末の阿高《あたか》式土器の玄米圧痕、熊本県石の本遺跡や同太郎迫《たろうざこ》遺跡の縄文時代後期中頃の籾《もみ》圧痕などとともに、イネの縄文時代渡来説の有力な根拠とされてきた。その背景には、研究者の間には、縄文後晩期農耕論への漠然とした信望があり、それまでも縄文時代と主張される炭化イネや炭化オオムギなどが発見されていたため、型式と時期が確実な土器の圧痕としてイネが検出され、しかもその害虫である米喰い虫までが存在するとなると、誰しもがイネの伝来時期を縄文時代後期においても間違いないな、とつい思ってしまう。私もその一人であった。しかし、今日ではこれらイネ関連圧痕はほとんど否定されており、イネおよび稲作の受容時期は縄文時代後期まではさかのぼらないことが研究者の間で大方の一致をみている（「イネはいつ日本にやってきたのか」の章を参照）。実は、コクゾウムシに対しては、その発見当初からドングリやクリなどのデンプン質植物種子を加害したという意見が存在していた（安藤二〇〇九）。

コクゾウムシは体長二・五〜三・五ミリ。黒褐色で、前胸背板や翅鞘《ししょう》は点刻で覆われている。その幼虫は米・麦などの穀粒の内部を食べて育ち、穀粒の内部で蛹化《ようか》する。成虫で越冬し、年四回程度世代交代する。このコクゾウムシが含まれるオサゾウムシ亜科甲虫の食性は本来単子葉類の生木に適応しており、成虫や幼虫はかなりの樹汁で満たされた単子葉植物組織内（茎や根）で生活する。よって、コクゾウムシを含むコクゾウムシ族における双子葉植物の種子や乾燥した貯穀物への適応は、小型化という形態変化をともなっており、二次的に起こったものと考えられている。姉妹種と考えられるものに、グラナリアコクゾウムシとココクゾウムシがある。

これらは世界の三大貯穀害虫と呼ばれ、その起源と拡散に関するこれまでのシナリオは、ヒマラヤ南部の森林地帯に生息していたドングリなどの種子に適応していた祖先種が、人類による農耕の開始とともに、採集ドングリと栽培穀類が一緒に貯蔵される環境の中で、次第に遺伝的淘汰《とうた》が起こり、穀類に特化し、農耕の拡散とともに旧世界各地へ拡散した、というものである（Plarre 2010）。しかし、これはムギ類栽培圏の西南アジアやヨーロッパに主たる分布をもつグラナリアコクゾウムシには適応可能な理論であるが、稲作地帯である東アジア地域の場合は、考古学資料に乏しく、これら害虫の形成過程はまったくといってよいほどわかっていなかった。東アジアの大陸側におけるコクゾウムシ族の歴史資料としては、わずかに「爾雅《じが》」（紀元前五～紀元前二世紀）に見るコクゾウムシと思われる貯穀米害虫の記載と漢代の馬王堆《まおうたい》漢墓一号墓から検出されたココクゾウムシの生体化石のみであった。我が国では、大阪府池上曽根《いけがみそね》遺跡（弥生時代中期）、奈良県藤原京左京七条一坊西北坪（七世紀）、同藤原京長屋王《ながやおう》邸（八世紀）、福岡県鴻臚館《こうろかん》（八世紀）、愛知県清洲《きよす》城下町遺跡（一六世紀末～一七世紀初頭）などから生体化石が発見されていたが、山崎氏による縄文時代のコクゾウムシ圧痕の発見までは、稲作渡来期以前の状況を示す例は皆無であったといえる。この意味からも縄文時代の後晩期の圧痕コクゾウムシは東アジアで最も古い例であった。

困った大発見

筆者らは二〇一〇年の二月に、鹿児島県の種子島を訪れ、縄文時代草創期～早期にかけての土器圧痕調査を実施した。鹿児島大学の中村直子氏に誘われ、縄文時代草創期の食の痕跡を圧痕で探そうと思ったのである。我々は、ここで意外な、まさに想定外の発見をすることになる。

草創期の鬼ヶ野《おにがの》遺跡の圧痕調査の結果があまりふるわなかったので、西之表市教育委員会の沖田純一郎氏に、縄文時代早期の三本松《さんぼんまつ》遺跡の土器を見せていただいた。調査も終盤にさしかかり、帰ろうかと思った頃、初代研究助手の仙波靖子氏がもじもじしながら、「この遺跡、早期ですよね……」と不安げに尋ねてきた。「当たり前だ」と答えたら、「出ました」という。「何が？」と尋ねると、土器を差出しながら、「コクゾウムシです」と小声でつぶやいた。半信半疑で、実体顕微鏡で覗くと、レンズの下に確かに見覚えのある点刻列のある翅鞘や胸部が現れ、一瞬目を疑った。土器は間違いなく縄文時代早期の吉田《よしだ》式の円筒土器の胴部片であり、まさかと思ったが、帰り間際に別の整理事務所に置いてあった土器片の中からもう一点のコクゾウムシ圧痕を検出でき、縄文時代早期のものであることは間違いないと確信した。

　年度明けの四月に早速、西之表市に向かった。二代目研究助手の真邉彩氏と残りの土器をしらみつぶしに調べようというのである。「何も出ない」とあきらめかけていたころ、二人同時に「出た！」と叫んだ。そしてその後一時間の間に総計で五点のコクゾウムシ圧痕が出たのである（図24）。コクゾウムシの圧痕だけが……。外は雨が降っていた。その時間を過ぎると、もう一点も発見できなかった。学者もジンクスや迷信は信じるものである。とくに貴重な発見をしたときには、偶然（必然）とは思いながらも、何か自分の力だ

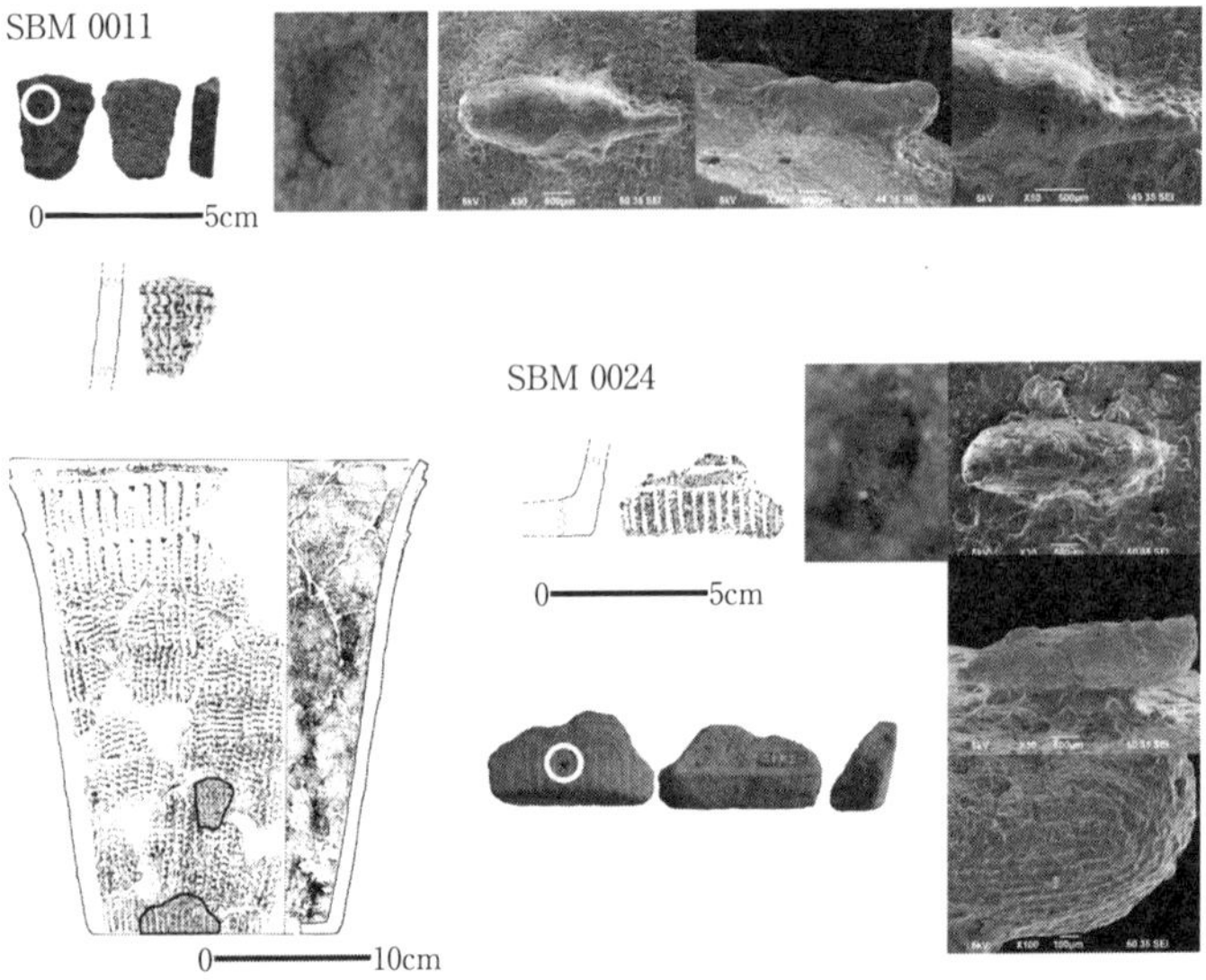

図24　鹿児島県西之表市三本松遺跡から発見された1万年前のコクゾウムシ圧痕

けでは無いものを感じ、それにすがろうとする。それほど、見事な神がかった発見の瞬間であった。この成果は後に、アメリカの科学ジャーナル誌PLOS ONEに「世界最古の貯蔵食物害虫」というタイトルで世界に発信された。

増え続ける圧痕コクゾウムシ

二〇一一年の時点で、縄文時代のコクゾウムシ圧痕は一七遺跡四四例であった（小畑二〇一一）が、その後の筆者らの調査によって、一年の間に、三四遺跡一一二例まで増加した（小畑二〇一二）。この時点で、北は青森県、南は沖縄県までほぼ全国的に分布することが判明していた。ただし、沖縄県の例は古墳時代相当期のものであった。その後の筆者が行った調査において、北陸地方においても検出できたし、奄美諸島、五島列島などの島嶼部の遺跡からも検出している。また、他の調査者によっても数例の報告がなされている。これらの成果によって徐々にではあるが、コクゾウムシの分布域や出土する時期もその空白が埋まりつつある。ただし、現状では、九州地方、とくに南九州や南西諸島での事例の増加が著しい。今回新たに集成したところ、五一遺跡三二五点に増加した（図25）。また、図26に見るように、圧痕コクゾウムシの検出数はまさにうなぎ上りである。この数値は、遺跡数にして三年前の三倍、二年前の一・五倍、圧痕数にして三年前の七倍、二年前の約三倍に増加していることを示している。この発見個数の劇的増加の背景には、宮崎県本野原《もとのばる》遺跡における一七〇点余りのコクゾウムシ圧痕の検出が大きく関わっているが、よく見ると、遺跡数はさほど増加しておらず、むしろ軟X線やX線CTによる潜在圧痕の検出（「圧痕法が明らかにしたもの」の章を参照）が遺跡数や個数の一部を増加させる要因となっている。今では、「日本全国の縄文遺跡のどこからでも検出できる」と、半分本気で法螺《ほら》を吹いているほどである。

これらの広い時代と地域での発見は、つい最近までイネと関連づけられてきた縄文時代のコクゾウムシが稲作の到来という伝播論では解釈できないことを雄弁に物語っている。

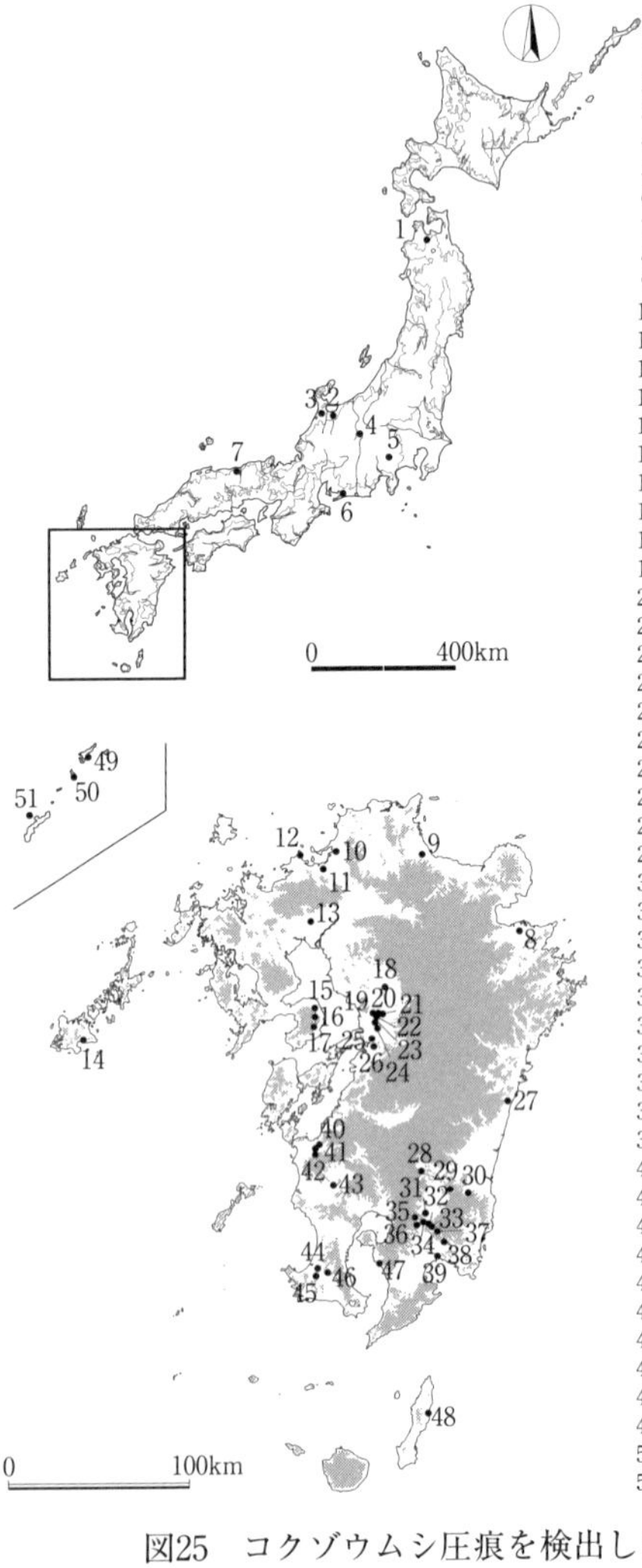

1 三内丸山（San'nai Maruyama）
2 平　岡（Hiraoka）
3 桜　町（Sakuramachi）
4 大日ノ木（Ohhinoki）
5 中　谷（Nakaya）
6 大西貝塚（Ohnishi kaidzuka）
7 本高弓ノ木（Motodaka Yuminoki）
8 横尾貝塚（Yoko kaidzuka）
9 友枝曽根（Tomoeda Sone）
10 香椎 A（Kashii-A）
11 重　留（Shigetome）
12 大原 D（Ohbaru-D）
13 東　名（Higashimyo）
14 中　島（Nakajima）
15 大野原（Ohnobaru）
16 肥賀太郎（Higataro）
17 権現脇（Gongenwaki）
18 三万田（Mimanda）
19 黒髪町（Kurokamimachi）
20 上南部 A（Kaminabe-A）
21 石の本（Ishinomoto）
22 渡鹿貝塚（Toroku kaidzuka）
23 苗代津（Nawashirozu）
24 御領貝塚（Goryo kaidzuka）
25 松橋大野貝塚（Matsubase Ohno kaidzuka）
26 西平貝塚（Nishibira kaidzuka）
27 内野々（Uchinono）
28 広原第一（Hirowara Loc.1）
29 田辺開拓（Tanabekaitaku）
30 本野原（Motonobaru）
31 星　原（Hoshihara）
32 王子原（Ohjibaru）
33 筆無 A（Fudenashi-A）
34 鳥巣ノ上（Torisunoue）
35 小倉前（Oguramae）
36 塚ヶ段（Tsukagadan）
37 宮之迫（Miyanosako）
38 小　迫（Kozako）
39 山　角（Yamazumi）
40 出水貝塚（Izumi kaidzuka）
41 柿　内（Kakiuchi）
42 南原内堀（Nanbara Uchibori）
43 水天向（Suitenmukai）
44 上加世田（Uekaseda）
45 干河原（Higobaru）
46 田中堀（Tanakabori）
47 椪原貝塚（Kunugibaru kaidzuka）
48 三本松（Sanbonmatsu）
49 嘉　徳（Katoku）
50 面縄貝塚（Omonawa kaidzuka）
51 ナガラ原東（Nagarabaru Higashi）

図25　コクゾウムシ圧痕を検出した遺跡の分布図

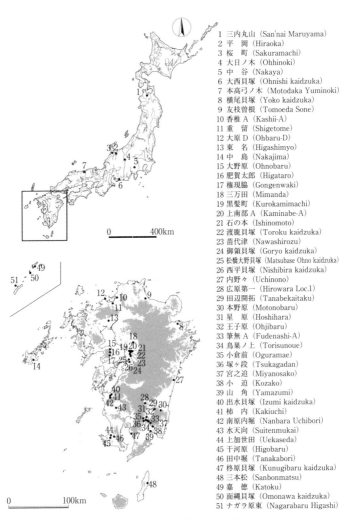

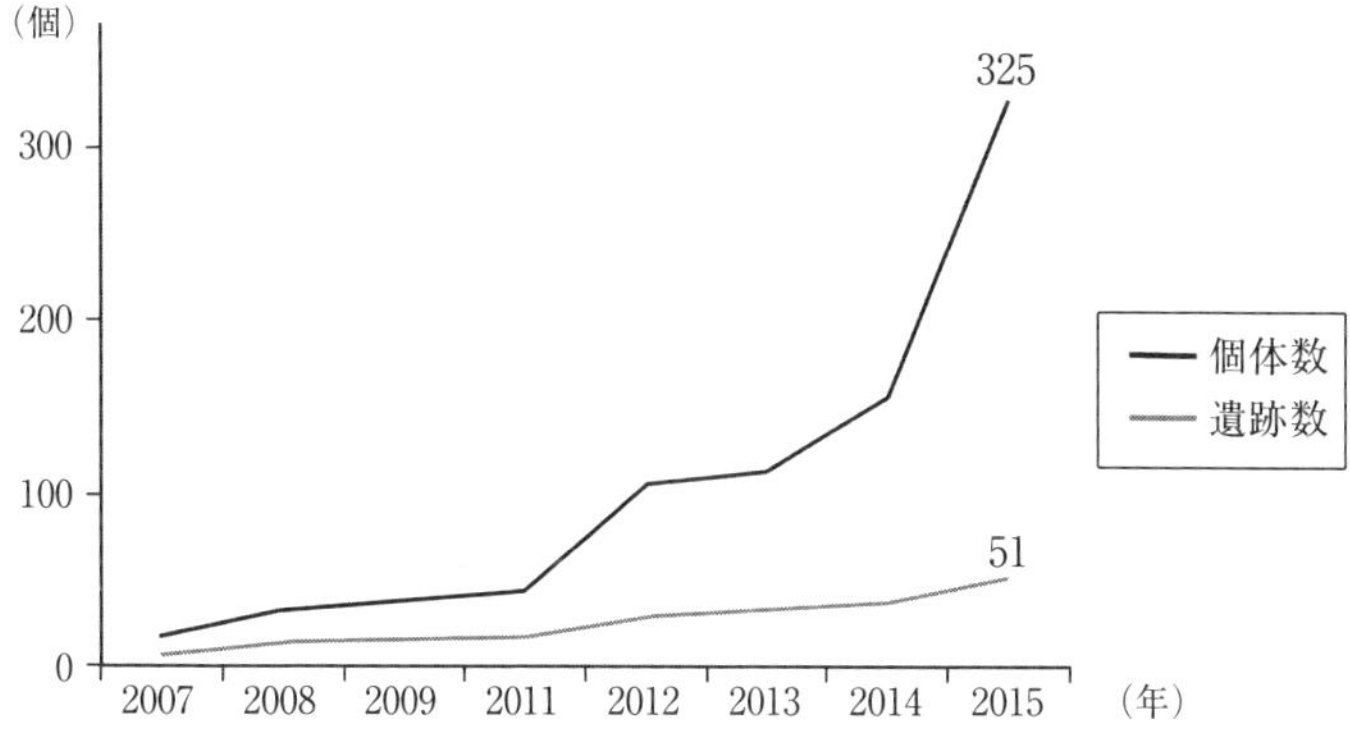

図26　コクゾウムシ圧痕および出土遺跡数の年別推移グラフ

以下に示す、コクゾウムシの意味に関する新たな解釈は、イネを食べる現代のコクゾウムシの進化や成立の過程について新たな光を当てようとしている。

コクゾウムシの意味するもの

コクゾウムシ圧痕は先に述べたように、二〇一五年六月現在で三二五点であり、これまで発見されたそれ以外の昆虫・小動物の圧痕総数は五一点であった。よって、コクゾウムシは昆虫・小動物圧痕数の約九割を占め、占有率としては異常な多さといえる。実は圧痕ではたくさん出てきそうなアリの圧痕は一点も検出していないのである（図27）。

さらに驚くべきことは、一つの土器（片）から複数個体のコクゾウムシ圧痕が検出される例がある点である。三内丸山《さんないまるやま》遺跡では、円筒下層式土器一個体に二点、円筒上層式土器に三点、掌大の円筒上層式土器の破片に三点と、一個体の土器に複数のコクゾ

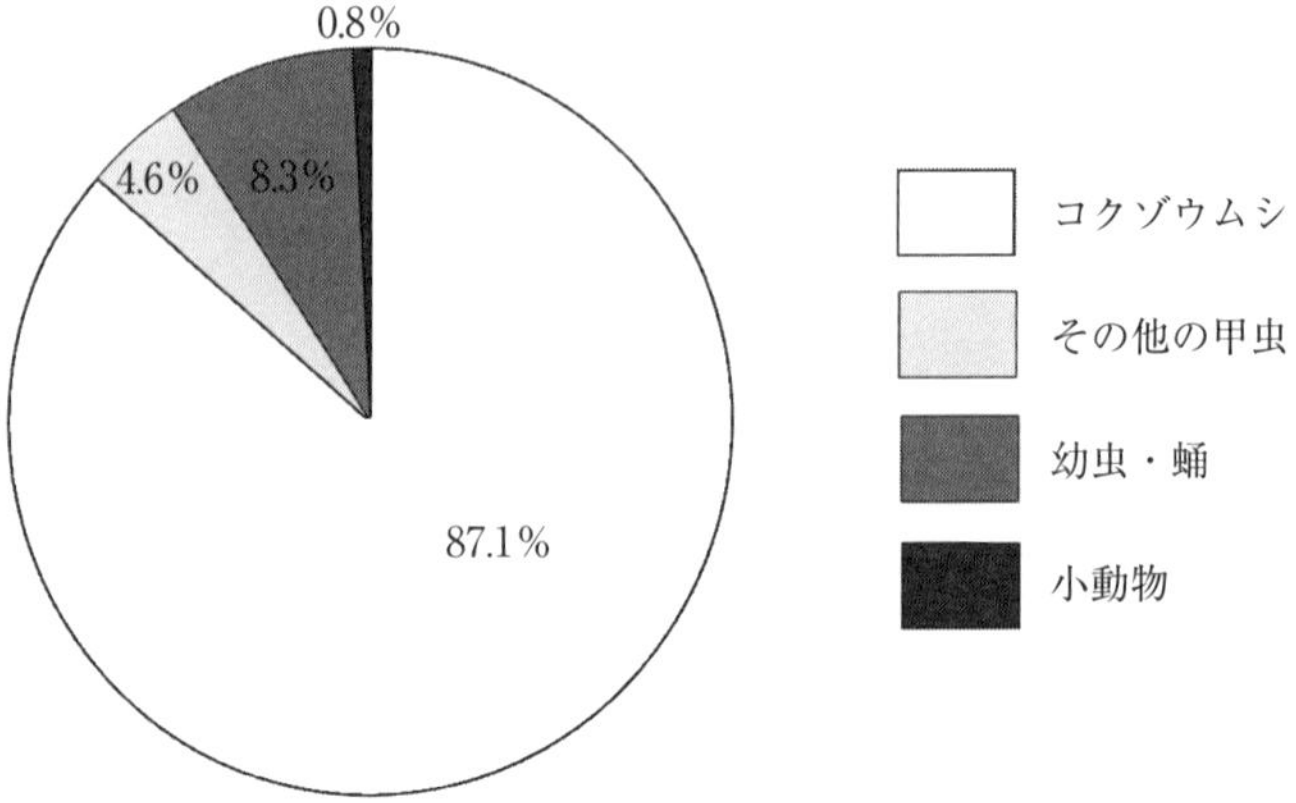

図27　土器圧痕として検出された昆虫・小動物の比率

ウムシ圧痕がついていた。また、鹿児島県曽於《そお》市小倉前《おぐらまえ》遺跡では、突帯文土器期の壺形土器の口縁部片に三点、同市塚ヶ段《つかがだん》遺跡では浅鉢形土器の口縁部片に六点のコクゾウムシ圧痕がついていた。

この遺跡数や検出個体数に見る高い検出率、そして昆虫圧痕中での九割という高い比率は、コクゾウムシが土器作り環境であった屋内にたくさん棲息していたことを示している。同様の現象は、野外から彼らを採集してきて、意図的に土器に入れない限り起こりえない。このような行為はまったくありえないことではないが、コクゾウムシ圧痕は、縄文人たちの家に多量に発生した害虫であり、その加害対象が縄文人たちの家や集落内にあったことを意味するものと考えている。

では、コクゾウムシが加害した貯蔵食物は何か。イネ伝播の経路や時代から遠く離れた三本松遺跡や三内丸山遺跡のコクゾウムシたちは、一体何を食べて土器圧痕に残るほど多量に発生していたのだろうか。

コクゾウムシの加害対象

原田豊秋氏によるコクゾウムシの加害する食物のリストによれば、コクゾウムシ成虫が食べて生存できたものは三七科九六種にも及ぶ（原田一九七二）。しかし、幼虫の食物は、幼虫一世代を支えるだけの容積と腐敗・変質をきたさない保存性があることが要件であり、食物の種類は一一科二〇種と、きわめて少なくなる。これにイネを加えると三一種となるが、成虫の食物と比べると、食べはするものの、繁殖ができないものが六〇種以上存在することになる。

デロベルとグレニア両氏は、コクゾウムシとグラナリアコクゾウムシをコナラ属とクリの種子で育てた実験例を紹介する中で、ドングリの中から発見されたコクゾウムシ属甲虫の例を挙げている（Delobel and Grenier 1993）。ジョウベルト氏はミナミアフリカブナの割れたドングリの中でココクゾウムシを発見しているし（Joubert 1966）、ミルス氏はカンザスの *Guercus incana*（コナラ属の一種、和名なし）の割れた種子の中からコクゾウムシを発見している（Mills 1989）。同様の事例は身近でも起こった。ドングリ研究の第一人者、岩永哲夫氏は、二〇一二年四月に宮崎県西都《さいと》市の南方《みなみかた》神社で採集したツブラジイ・シラカ

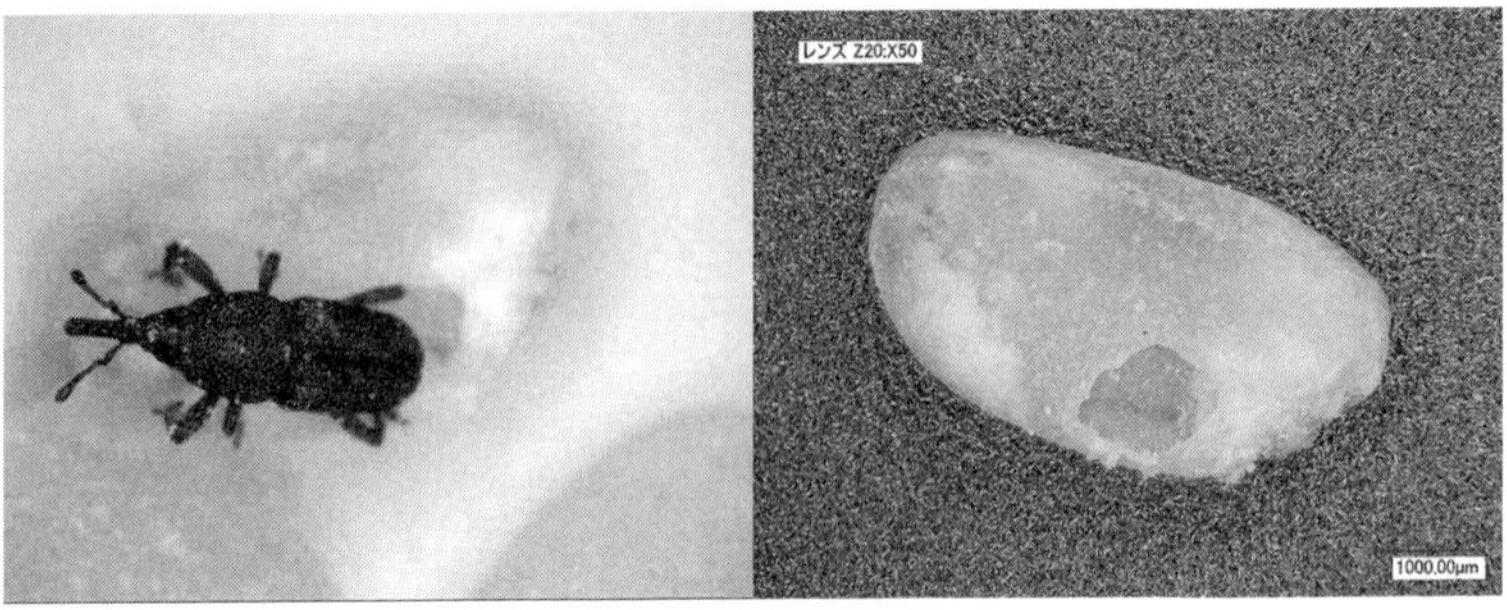

図28　岩永哲夫氏によってドングリ中から発見されたコクゾウムシの２世とそのゆりかご

シ・アラカシの中からコクゾウムシ数匹を発見された。筆者はそのうちの一匹を分けてもらい、米で飼育しているうちに誤って潰してしまった。落胆していたところ、彼女が卵を産んでいたらしく、その六月、米の中から三六匹の次世代が誕生したという顚末がある（図28）。

世界で初めてグラナリアコクゾウムシをコナラ属の種子とクリで育てることに成功したのは、ザッハー氏であったし（Zacher 1937）、デロベル氏らの生育実験でも、クリとドングリ（コナラ属）種子への高い適応が報告されている。筆者もこれらのレポートを読み、ドングリの種類によってどのように生育状況が違うのかを知りたくて、日頃、コクゾウムシなどの貯穀害虫を殺す研究をしている食品総合研究所の宮ノ下明大氏に、堅果類《けんかるい》での生育実験を依頼した。その結果、羽化の時間や数は種類ごとに異なるが、実験に使用したクリ、

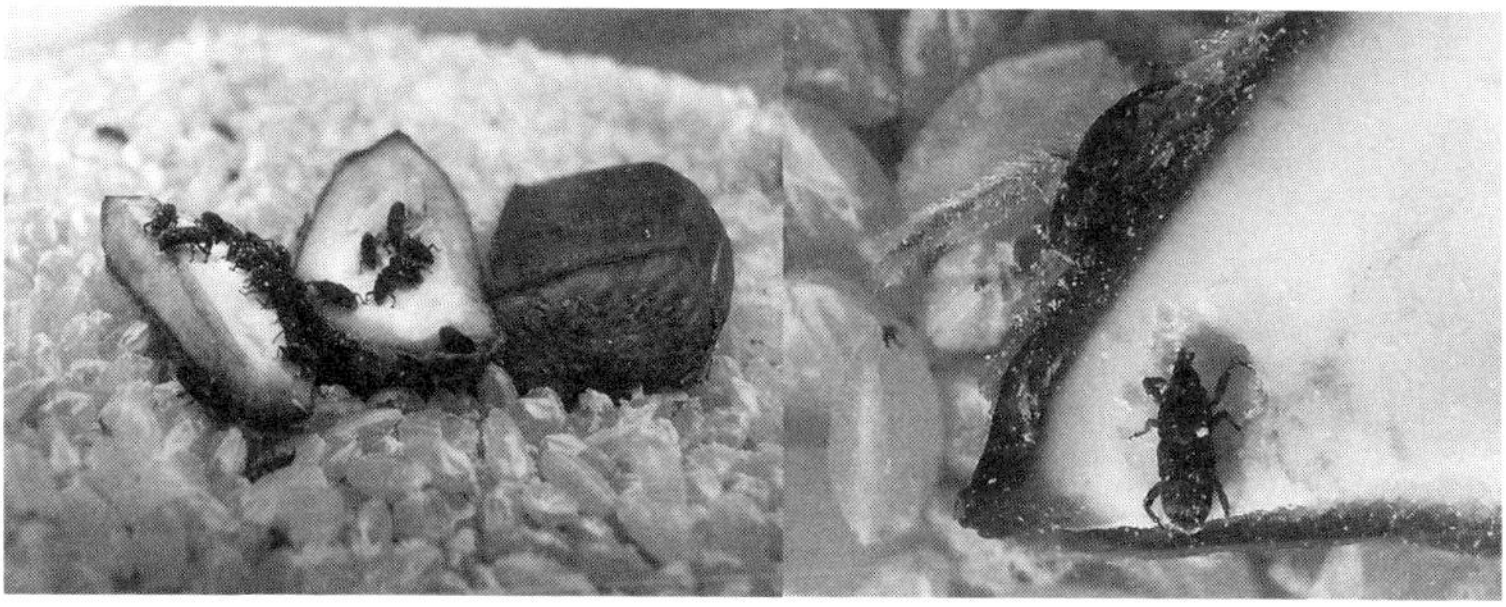

図29　クリを食べるコクゾウムシ

スダジイ、シラカシ、マテバシイのすべてで産卵し、堅果を食べて成虫になった。ただし、外果皮に傷のない堅果では産卵できず、食用にもできないことが判明した。一方、割れや穴のある堅果の場合、果肉のみの堅果の場合とほぼ変わらない羽化数であることがわかった。この実験の結果から、縄文時代に屋内で外果皮を剝いだ状態で堅果類が乾燥貯蔵された場合、または外果皮がついたままでも乾燥で割れが生じた堅果があった場合は、コクゾウムシが発生する可能性は十分あるが、コクゾウムシが繁殖するためには、数ヵ月単位でそれらが保管される必要がある、という結論が得られた（宮ノ下ほか二〇一〇）。

本来ナラ科植物の種子に適応して進化してきた昆虫群であるので、クリやコナラ属の種子を栄養や繁殖の基盤とすることは至極当然であろう。ただし、籾付イネの場合と同じように外（果）皮があると繁殖できない点は、堅果類の貯蔵法という意味合いから重要である。

大きかった縄文コクゾウムシ

コクゾウムシは通常、三〜四ミリとある。大きさの変異はあるが、ほぼこれくらいの大きさである。成虫の体長は発生時期でも異なるようである。夏期発生のものは、春期や秋期発生のものより小型であり、平均では体長〇・二ミリほど差があるという（原田一九七一）。また、文献によってその計測値に大きな差が見られる。原田豊秋氏の文献は平均で三・八〜四・〇ミリと表記されているが（原田一九七一）、安富和男氏らは二・三〜三・五ミリ（平均二・八ミリ）である（安富・梅谷二〇〇〇）。

コクゾウムシは幼虫期〜蛹期を穀粒中で過ごすため、この穀粒の大きさに規制され、体の大きさを変化させる。先に引用したデロベル氏らの実験では、ソバ、タマリンド、エンドウマメ、クリ、ドングリなどの穀物とは異なる食品でコクゾウムシ、ココクゾウムシ、グラナリアコクゾウムシを育てているが、クリやドングリで飼育したココクゾウムシの重量が一番大きく、卵巣内の共生バクテリアの数も最多であった。重量が大きいということは、体も大きいということを意味する。この高い発育にはクリやドングリに含まれる糖分が大きく作用している可能性が指摘されている（Delobel and Grenier 1993）。

筆者らによる生育実験では、重量でなく、上翅《じょうし》や胸部の長さや幅などを用いて比較している。その場合、ドングリやクリで育てたコクゾウムシは米粒で育てたコクゾウムシより三割ほど大きくなることが判明している。実は、圧痕コクゾウムシもイネで飼育された現生コクゾウムシより三割ほど大きいのである（図30）。

彼らの祖先の本来の生態、生育実験の結果、予想される縄文時代の乾燥貯蔵可能な食料などを総合的に判断すると、その加害対象物はクリやドングリであったと考えられる。それ以外にダイズやアズキ、またはササの実など、乾燥保存ができる食料も彼らの加害対象となっていた可能性がある。

定住集落と貯蔵食物

現在、全国で五一ヵ所の遺跡からコクゾウムシ圧痕が検出されている。まだ、事例が少ないので結論を出すのは早計であるかもしれないが、これまでコクゾウムシ圧痕が検出されている遺跡は、その規模から見て、定住性の高い集落遺跡が多いという印象がある。鹿児島県三本松遺跡の場合も縄文時代早期前半とはいえ、平底の円筒土器をもつ竪穴住居址のある定住的な集落である。また、多量のコクゾウムシ圧痕を検出した宮崎県本野原遺跡も九州における最初の本格的な環状集落であり、三本松遺跡に次いで古いコクゾウムシ圧痕を検出した縄文時代早期後半の佐賀県東《ひがし》名《みょう》遺跡も温暖化へ向かい定住性が増してくる時期の遺跡である。また、東北地方の三内丸山遺跡も、北陸地方の平岡遺跡や桜町遺跡も当地における定住的な大きな集落である。先に予測したように、圧痕コクゾウムシが家屋害虫しかも貯蔵食物害虫であったとすると、

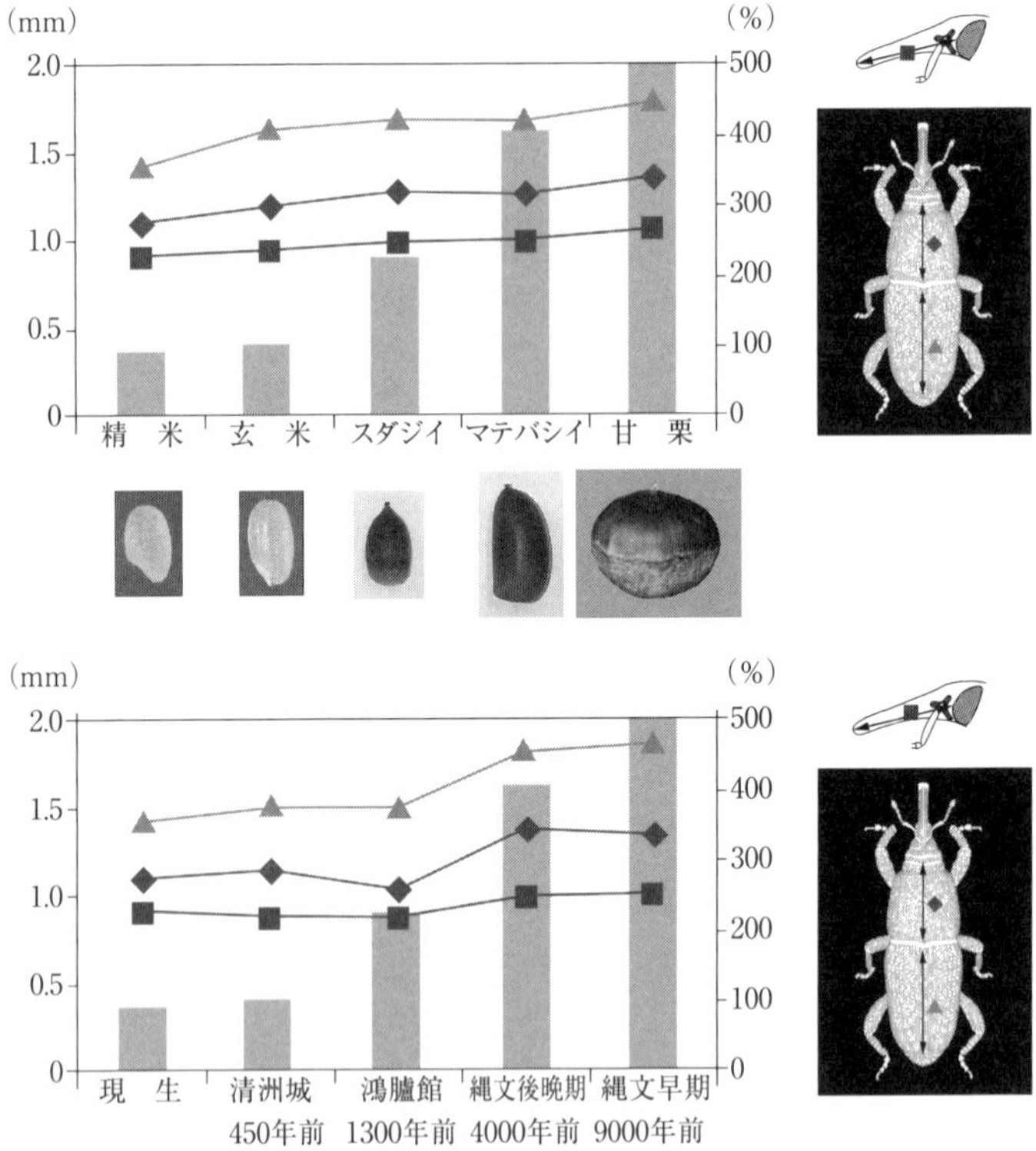

図30　異なる食物で育てたコクゾウムシの大きさと遺跡出土コクゾウムシの比較

そのような虫が湧くためには、食料の貯蔵期間が数ヵ月単位で必要であるため、彼らの存在自体が長期居住の証拠となる。

また、遺跡の分布を見ると、温かい地方ばかりでなく、寒冷な東北地方の青森県三内丸山遺跡や北陸地方の富山県平岡遺跡や同桜町遺跡からも発見されている。いずれも縄文時代前期という比較的暖かかった時期とはいえ、寒冷な地域での適応は人為的環境なくしては起こりえない。現生ココクゾウムシの日本列島での分布を見ると、月平均気温一七度以下の地域ではきわめて分布密度が低くなっている。ただし、寒い地域であっても暖かな短い夏があれば十分に繁殖は可能であり、拠点的な集落として一年のうちそのおよそ半分ほどの時期、とくに初夏から初秋にかけて占地されたような集落ではコクゾウムシは繁殖できたものと考えられる。

人が運んだ？

では、彼らがどのようにして拡散していったのか。今や大量貿易の時代であり、世界的な貯穀害虫の蔓延が象徴するように、彼らは食糧運搬と貯蔵場創出の繰り返しによって世界中に拡散している。ヨーロッパにおけるグラナリアコクゾウムシの拡散は、新石器時代の農耕の伝播の証拠としても扱われるが、後のローマ軍による兵糧の運搬と備蓄によって、よりスピーディかつより広大な地域に拡散したことが明らかにされている。先に述べたように、コクゾウムシ属甲虫は人為的な運搬がなければ、遠距離の移動・定着はできない。現在、コクゾウムシ圧痕は長崎県の五島、鹿児島県の種子島、奄美大島、徳之島、沖縄県の伊江《いえ》島など、島嶼部の遺跡からも多数検出されている。これは、それぞれの島に棲息していた在来種が縄文人たちのドングリ貯蔵に対して各地で同じような適応を果たしたと考えるより、食料とともに運ばれ、島伝いに拡散した結果と考えた方が理解しやすい。ヨーロッパの研究においても、グラナリアコクゾウムシは寒さには強いが、北欧地域への拡散には人為的運搬が必要であったと考えられている。寒い地域への拡散や海を越えた拡散には人間による加害された食料の運搬・もち込みが背景にあったと想定されるのである。

コクゾウムシ圧痕のつき方

コクゾウムシがドングリやクリをはじめとする定住集落の乾燥食物の貯蔵所に生息していたことは推定できた。ではなぜ、どのようにして圧痕として残されるようになったのであろうか。

土器圧痕のつき方は、昆虫が土器製作過程の中でいつ土器の粘土中に入ったのかを推定する手がかりとなる（表3）。コクゾウムシ成虫二九八点の圧痕のつき方を調べてみると、土器製作時に土器上を歩行していて押しつけられ、粘土中に入った可能性のある状態は、土器の内外壁面であれば腹面側、土器底面であれば背面側が圧痕として残るはずである（表中太枠内）。そのような状態は四割にも満たないもので、他は背面もし

表3　昆虫圧痕のつき方（土器の部位別）

コクゾウムシの方向	土器の検出部位			X線CT	
	口縁・胴部・内底	外　底	断　面		
背　面	73（24.6%）	9（3.0%）	4（1.3%）	6（2.0%）	
側　面	98（33.0%）	4（1.3%）			
腹　面	101（34.0%）	3（1.0%）			総　計
合　計	272（91.6%）	16（5.4%）	4（1.3%）	6（2.0%）	298（100.0%）

くは側面の圧痕であり、その方向性は一定であるとはいえない。また、欠損率は七・三%であり、個体の中には胸部や腹部のみのものや、全体形は残すが、頭部が折れて後ろ向きになったものなど、かなりのダメージを受けていることがわかる。さらに四例は断面からの検出例で、これらは本来土器表面に表出していない「潜在圧痕」であり、土器が割れて断面に露出したものである。また、最近、富山県平岡遺跡（縄文時代前期後葉）、宮崎県本野原遺跡（縄文時代後期前葉）、鹿児島県塚ヶ段遺跡（縄文時代後期末）、鹿児島県小迫《こさこ》遺跡（縄文時代晩期末）、鹿児島県小倉前遺跡（突帯文期）で軟X線・X線CTによってコクゾウムシの潜在圧痕を検出している。このような点から見て、昆虫圧痕のほとんどは、土器製作のとき土器表面をはっていたものが押し込められた圧痕（impression）ではなく、土器胎土《たいど》中に練り込まれたものの抜け殻（cavity）、つまり胎土への「混入体の痕跡」が主体を占めていることがわかる。

コクゾウムシの胎土への混入の機会は、先の圧痕の産状分析の結果から見れば、胎土へ混和材として植物繊維を入れたとき、または粘土紐《ひも》作りの二つの段階が考えられる。

圧痕形成のタイミング

後者の場合は、粘土をこねているときに、偶然にそこをはっていたコクゾウムシが粘土紐に巻き込まれた、つまり偶然の混入である。

これに対して、前者の場合はある程度意図的である。少なくとも縄文人たちはコクゾウムシの存在は意識はしていたものと思われる。混和材には、食物繊維以外に、害虫に加害されたドングリやクリなどのデンプン質の乾燥食物の粉なども想定できる。土器成形に必要な適度な粘土の可塑《かそ》性を得るには「ねかせ」過程でのバクテリアによる、ある種の発酵が必要であり、陶磁器の場合ではあるが、短期間に「ねかせ」の効果を高める（バクテリアの増加を促す）ためにデンプンや砂糖のような有機質を少量添加する例が紹介されている（後藤一九八〇）。ヨーロッパ新石器時代のムギ類の貯穀害虫であるグラナリアコクゾウムシが土器圧痕として検出されている例が二例ほど紹介されている（Buckland 1990, Panagiotakopulu 2010）。この一つはコムギの籾と一緒に混入されており、混和材に紛れて貯穀害虫が入り込んだ可能性を示す好例といえる。

同じ土器の個体に一種類の昆虫が多数混入した土器の存在を考えると、より積極的に、昆虫自体を意図的に混入した可能性もまったくないわけではない。むしろ、これまで発見されているマメ類やエゴマなどの植物種実の圧痕のあり方から見れば、意図的であったという評価を与えることもできる。しかし、これを立証するためには、土器中から発見される植物種実の種類、それらの皮や付属品の有無、動物繊維や植物繊維などの混和材の入り方などを詳細に検証せねばならない。今後の課題である。

大陸での発見の期待

三本松遺跡のコクゾウムシ圧痕は、およそ一万年前に九州本島に近接した種子島にコクゾウムシがすでに存在していることを示し、その存在は、農耕（稲作）拡散の理論では説明できないこと、そして姉妹種といわれるグラナリアコクゾウムシ、ココクゾウムシをあわせた三種の分化と起源地からの拡散がこれまで想定された時期より古い時期にすでに起こっていたことを示す。

朝鮮半島や中国大陸においては、そもそも遺跡から発見されるコクゾウムシ属甲虫自体が少ない上に、三本松遺跡に匹敵するような古い時期の新石器時代のコクゾウムシの発見はなく、拡散の時期がいつであったのか、十分な検証ができない状況下にある。しかし、中国の前漢時代にはココクゾウムシが同定されており、縄文時代はほぼすべてがコクゾウムシと考えられることから、コクゾウムシは日本原生のものである可能性もある。

考古遺跡は化石資料と現生コクゾウムシの間を埋め、害虫としての進化過程を解き明かす鍵を握っている。少なくともいえることは、日本列島では、一万年前以降、人間がドングリやクリを採集し、それらを蓄えるようになって、コクゾウムシが寄生・害虫化した。現在のコクゾウムシは、今から三〇〇〇年前頃のイネの流入を契機にイネへ特化し小型化したのか、それともすでにイネに寄生していた小さなコクゾウムシが伝来し、在来ドングリコクゾウムシと融合したのか。この謎を解く鍵はやはり、コクゾウムシの大きさにある。

島嶼部から発見されるコクゾウムシ圧痕のうち、鹿児島県徳之島の面縄《おもなわ》第一貝塚（兼久《かねく》式土器）や沖縄県伊江島のナガラ原東《ばるひがし》遺跡（古墳時代相当期）のコクゾウムシ圧痕は縄文時代のコクゾウムシ圧痕に比べて特別小さいものではない。この地域における稲作の伝播はグスク時代であり、それ以前のコクゾウムシは時代が新しくなっても堅果類に適応し続けたものの子孫であったと考えられる。同様に、本州以東の弥生時代前期相当期の例もイネに特化した特別小さなサイズではない。よって、我が国のコクゾウムシにおけるイネへの特化（米喰い虫の登場）は、弥生時代中期以降もしくは、それよりずっと後であった可能性もある。このような推論を証明するためにも、国内の遺跡でのさらなる調査とともに、中国や朝鮮半島、東南アジア諸国でのコクゾウムシ属甲虫の考古学資料の洗い出しが必要となるであろう。意識的な調査が望まれる。

縄文人のコクゾウムシへの想い

二〇一二年九月三十日に岸和田市立文化会館で開催された濱田青陵《はまだせいりょう》賞受賞記念シンポジウムで、コクゾウムシがなぜ土器粘土中に入るのかという、司会者の天野幸広氏の質問に、私は「おいしいドングリやクリを食べてたくさんの子孫を残す虫たちを見て、縄文人たちもそれにあやかりたいと、繁栄を祈って入れたのでは?」と答えた。しかし、天野氏は、「ドングリなどの貴重な食料を加害するコクゾウムシが憎くて土器の中に封じ込めたのではないか」というご意見を出された。真っ向から対立する意見である。私は、よく講演会などで、我が町の遺跡に害虫がいたという言葉を耳にして、ちょっといやそうな面もちの聴衆者の方々に、コクゾウムシの存在は豊富な貯蔵食料があった豊かさと繁栄の裏返しですよと、ポジティヴな説明をすることにしている。ただし、実際、害虫はフランス革命の引き金になったほど、文明に影響を与える負の遺産でもある。たしかに、大切に保存していた食べ物を喰われた恨みは大きかったであろう。

今は縄文人たちの気持ちを十分に知り得ないが、このコクゾウムシ圧痕を徹底的に洗い出していけば、いずれ彼らのコクゾウムシに対する想いを明らかにできるものと確信している。小さな虫ではあるが、縄文人の暮らしぶりや精神性を明らかにできる大きな潜在力を秘めた研究資料であると考えている。

イネはいつ日本にやってきたのか

大陸系穀物の起源地

イネの伝播ルートと時期

日本の歴史に関して、私たち日本人がもっとも気になるのがイネの伝来時期とその経路である。もちろん考古学者もこの例外ではない。イネの伝来は考古学者のみならず、民俗学や地理学、農学などの多くの分野の研究者たちによって古くから注目され、様々な原産地と伝播ルートが想定されてきた。かつては、イネの原産地として中国南部や雲南地方など諸説があったが、今日では長江中下流域がイネ栽培開始の場所であることがわかってきている。

では、ここからいつ頃どのように伝わったのか。遺伝学の立場からは台湾経由で南西諸島を北上したという説もあるが、考古学的にはその証拠はまったくつかまれておらず、中国大陸の沿岸部を北上したイネが山東半島から遼東《りようとう》半島を経て、朝鮮半島を南下し、朝鮮・対馬海峡を越えて、北部九州もしくは山陰地方に伝わったというルートがもっとも信頼できる伝播ルートである（宮本二〇〇三）。ただ、考古学者を依然として悩ませている問題は、いつ日本列島に伝わったかである。また、大陸系の穀物は、イネばかりではない。中国華北地方に起源をもつアワやキビ、南西アジアに起源をもつオオムギやコムギなども、日本にいつ頃渡ってきたのかよくわかっていない。これらは考古学の世界においても、まだ論争の中にある。

中国における農耕の起源と拡散

中国は、ムギ類を除く、日本の栽培植物のほとんどの起源地と目されている。イネはもちろんアワ・キビなどの雑穀に加え、アサ、ソバ、シソなども正確な起源地はよくわかっていないが、中国大陸がその候補地と考えられている。これら植物の中でそれらが比較的明らかなものは、イネ（起源地＝長江中下流域）、アワ・キビ（起源地＝黄河流域以北）である。最新の研究成果によると、中国における農耕の起源の中心地は、これらに根茎類《こんけいるい》栽培の古熱帯農耕地帯を加えた三つに分けられる（表4）。

およそ一万年前に、中国の華北地方では野生のキビやアワの利用が始まり、九〇〇〇～七〇〇〇年前には仰韶《ヤンシャオ》文化に代表される本格的な農耕を基盤とする社会が成立する。同じく長江の下流域でもおよそ一万年前に野生イネの利用が始まり、中流域では八四〇〇

表4　中国における農耕起源地三大センター（Zhao 2011より）

農耕類型	地　域	主要作物	発展諸段階とその時期	
乾燥地農耕	黄河流域の黄土地帯を中心とし，モンゴル南部〜淮河北部の地域	キビ・アワ	野生利用開始	10000 cal BP
			農耕移行期	9000-7000 cal BP
			農耕本格化	7000-6000 cal BP
稲作農耕	長江中下流域を中心として，北は淮河，南は南嶺山脈までの地域	イネ	野生利用開始	10000 cal BP
			農耕移行期	9000-6500 cal BP
			農耕本格化	6400-5300 cal BP（中流） 5200-4300 cal BP（下流）
古熱帯農耕	南嶺山脈の南，珠江流域	根茎類	野生利用開始	10000 cal BP 以前
			稲作受容期	6000 cal BP

〜七三〇〇年前、下流域では七二〇〇〜六三〇〇年前に本格的な稲作社会へ突入する。長江下流域にある河《ヘ》姆《ム》渡《ドゥ》遺跡（七〇〇〇〜五八〇〇 cal BP）は、かつては稲作に基づく成熟した農耕経済に達していたと評価されてきたが、近隣にあるほぼ同時期の田螺山《テイアンローシャン》遺跡における炭化イネの穂軸基部などの詳細な研究によって、脱粒性野生種が高い比率を占めており、この時期にはまだイネの栽培化は最高潮に達していなかったことが明らかになった。本地域で本格的な農耕を基盤とする社会が成立するのは、次の段階の良渚《リアンツー》文化といわれる。

北方地区の稲作農耕は仰韶晩期に開始され、龍山《ロンシャン》文化期に大きな発展があるという。仰韶文化晩期に属する巩県趙城《コンシャンジャオチエン》遺跡からは炭化イネが多数出土している。また龍山文化では水稲が普遍的に出土し、黄河流域でも水稲耕作が行われた可能性が大きい。この仰韶晩期（五〇〇〇BP）から龍山文化にかけての時期（五〇〇〇〜四〇〇〇BP）が黄河流域でもっとも稲作が発達した時期である。黄河下流域にある山東半島への伝播は、すでに八〇〇〇BPの后李《ホウリー》文化に属する月庄《イエチユアン》遺跡などの例があり、比較的早い段階に伝播していたとされるが、遺跡数が増加し、水田遺構や炭化イネが安定的に見つかるのはやはり龍山文化からとされる。我が国や朝鮮半島でのイネの出現は、この龍山文化の農耕文化の影響下にある。

韓国の農耕の歴史

朝鮮半島地域は、大陸系穀物類の二次的起源地であるために、その研究成果は我が国への伝来時期を考える上でも、非常に重要である。この地域へは、イネよりも早く、まず華北地方に起源をもつアワやキビなどの雑穀農耕が伝播してくる。

宮本一夫氏が述べたように、朝鮮半島南部においては、およそ五五〇〇年前の新石器時代中期がその伝播の時期と考えられてきた（宮本二〇〇九）。宮本氏はこの地域の農耕化を三段階に分けている。まず、中期に華北地方からアワ・キビが伝播し、その中におよそ四五〇〇〜四〇〇〇年前の櫛文《くしもん》土器時代後期〜晩期にイネが半島中部に伝わる、そして三六〇〇〜三〇〇〇年前の無文土器時代前期に灌漑《かんがい》による稲作農耕が伝播してくるという。これらの段階的伝播の背景には、すべてそれぞれの時期に起こった気候の寒冷化が引き金となった人の移動があったという。

李炅娥氏は炭素年代測定結果から櫛文文化を三期に分け、前期（七五〇〇〜五五〇〇BP）、中期（五五〇〇〜四〇〇〇BP）、後期（四〇〇〇〜三四〇〇BP）とした上で、農耕化については、前期段階と中期・後期段階に分け、東三洞《トンサムドン》貝塚での炭化キビ・アワと坪居洞《ピョンゴドン》遺跡からのダイズ・アズキの発見を受け、櫛文中期段階に雑穀とマメ類の栽培があったと考えている。ただし、前期段階から、アカザ科やタデ科、キビ属、エゾムギ属、カモジグサ属などの種子などの「人為的植相（Anthropogenic flora）」が認められ、経済的に価値のある多様な野生種や雑草などを利用したと述べている。

また、李炅娥氏は雑穀農耕についても、朝鮮半島の中北部地域ではさらにさかのぼる可能性を指摘していた。さらに、日本の土器と朝鮮半島の土器を比較研究している古澤義久氏も櫛文土器時代前期に、本格的ではないが、萌芽的なアワ・キビ農耕があったのではないかと想定していた。

韓国最古のアワ・キビ発見

二〇一一年二月、九州地域の農耕資料を追いかける中で、圧痕《あっこん》法を用いて、我が国の大陸系穀物の直接の起源地である韓国南部における穀物栽培の実態がどのようなものか知りたくて、韓国釜山へ行った。古くからの友人であった福泉洞博物館長河仁秀氏の計らいで、東三洞貝塚の土器を圧痕調査する機会を得たのである。釜山市街は六年ぶりの大雪で白く染まっていた。ここで私たちは思いがけない発見をすることになる。

東三洞貝塚は釜山広域市南部の影島区《ヨンド》にある新石器時代早期～晩期にかけての貝塚遺跡である。古くは一九二九年に日本人学者によって調査がなされ、櫛文土器をはじめ、多種の石器や骨角器など、貴重な遺物を出土することで古くから注目されていた遺跡である。一九九九年に河仁秀氏によって整備のための発掘調査が行われ、多量の土器をはじめとする貴重な遺物が、櫛文土器時代早期～晩期に至る多数の文化層から検出された。この調査の結果、層位は地表から基盤層まで一〇枚に区分され、新石器時代早期の隆起文土器段階から晩期の栗里《ユルリ》式土器段階までの五つの文化層にまとめられており、当地の土器編年の基本となる遺跡であるとともに、発見された縄文土器や腰岳《こしだけ》産や針尾《はりお》産の黒曜石は海峡を挟んだ日韓両地域の交流の深さを物語る重要な資料である。この遺跡でとくに注目されたのが、櫛文土器中期に属する竪穴住居址から検出された炭化アワ・キビである。出土したアワの年代測定によって四五九〇±一〇〇BPという値が得られ、韓国で最も古い雑穀農耕を示す資料と認定されてきた。

最初に行った圧痕調査で、我々は新石器時代早期に属する隆起文土器からキビの圧痕を検出した（図31）。また、二〇一一年十月に実施した追調査によって、前期の多量のアワ

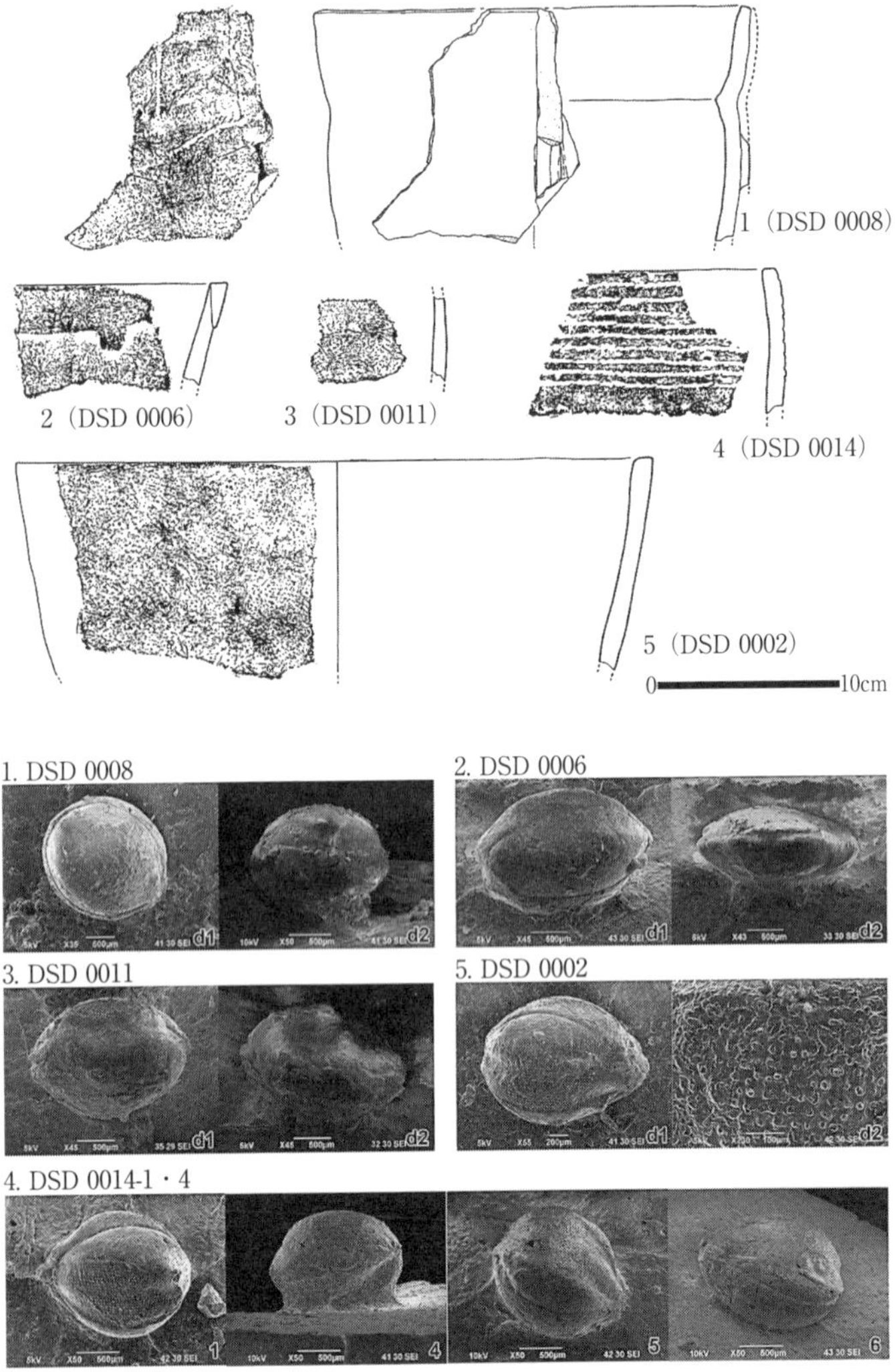

図31　韓国東三洞貝塚出土の圧痕土器実測図とキビ・アワ圧痕のレプリカ SEM 画像

を胎土《たいど》に練り込んだ瀛仙洞《ヨンソンドン》式土器を確認し、さらには同じく釜山市にある凡方《ボンパン》貝塚・凡方遺跡からも早期・前期にさかのぼる可能性のあるアワ・キビ圧痕を検出した。また、二〇一二年二月には国立金海《キメ》博物館の依頼で、昌寧《チャニョン》飛鳳里《ピボンリ》遺跡の土器圧痕調査を実施し、前期前半段階のアワ・キビ資料に加え、韓国最古のアズキ圧痕も検出することができた。

さかのぼるアワ・キビ農耕の伝播

東三洞貝塚をはじめとする韓国南部の新石器時代遺跡の圧痕調査によって、朝鮮半島南部において従来考えられていた時期より一五〇〇～一〇〇〇年ほど早い約七〇〇〇BPにキビやアワが栽培作物として存在していたことが明らかになった。もっとも古いキビ資料を検出した隆起文土器の年代（六〇〇〇～五〇〇〇BC）はほぼ華北の裴李崗《ペーリガン》文化と同じ時期であり、朝鮮半島南部へ乾燥地農耕（雑穀栽培）がきわめて速い速度で拡散したことを示している。この早い段階での農耕への適応は、定型化をみていないものの、中期以前にすでに起耕具としての打製《だせい》石斧《せきふ》や籾摺《もみす》り具としての磨盤・磨棒が存在していることからも裏づけられる。ただし、この段階は李炅娥氏が述べたようにその生業の方向性は多様な野生資源に向いており、栽培作物が生業に占める割合は低く、まだ集約的な農耕へは移行していない段階であることに変化はない。

韓国でアワ・キビ圧痕を検出した遺跡での土器点数当りの検出率を見ると、イネを含む栽培穀物の圧痕の出現率が一％を超える遺跡が七遺跡中五遺跡もあり、青銅器時代になると、新石器時代よりも穀物圧痕の検出率が増加することがわかる。穀物種子混入が意図的なものでないと仮定すると、検出率の高さは生業における穀物栽培の比重の増加を意味する可能性が高い。しかし、この点は後で述べるようにさらなる検証が必要である。

朝鮮半島の農耕の起源と拡散

今回の発見によって明らかになった雑穀農耕の開始時期の遡及は、単なる雑穀栽培の伝播時期の遡及にとどまらず、これまで提唱されてきた寒冷化による農耕の開始（伝播）論（宮本二〇〇三・二〇〇五・二〇〇七・二〇〇九）に関して再考を迫るものである。宮本一夫氏は農耕の拡散に、気候現象の悪化による農耕地の人口圧などによる社会集団の分散化現象がともなうと推定している。

農耕の起源論は諸説存在しているが、環境・人口バランス論としての寒冷化農耕起源説は現在では説得力を失いつつあり、寒冷化による海岸線の変化説も韓国の実情に合わないことが指摘されている（Lee 2011）。少なくとも華北型雑穀農耕の伝来する宮本氏のいう朝鮮半島農耕化第一段階はヤンガードリアス期以降の第三期海退（約五五〇〇～五〇〇〇cal BP）とは切り離して考えねばならなくなった。今回判明した新たな農耕開始の時期は、むしろそれ以前の第二期海退（約七〇〇〇～六八〇〇cal BP）と近いが、隆起文土器の年代観は約七六〇〇～七一〇〇cal BPであり、キビ圧痕をもつ早期後半の隆起文土器をその間のどの年代に一致させるかにもよるが、若干の年代的ずれが生じていることは確かである。

その是非は今後十分に議論されるであろうが、それを抜きにしても、朝鮮半島の最初の農耕化が寒冷化に起因する遼東・遼西からの人間集団の南下、つまり農耕パッケージの移入によって形成されたものではないことは確かである。その理由として農具の問題がある。雑穀農耕の典型的な農具として磨棒・磨盤がある。この石器はドングリなどを含む植物種実の製粉具として評価されているが、本来の機能はアワやキビなどの脱稃《だっぷ》具と考えられる。

飛鳳里遺跡や凡方貝塚・凡方遺跡の出土例を見ると、すでに前期前半段階にはややいびつではあるが断面蒲鉾《かまぼこ》形の磨棒が存在しており、前期前半には平面形が石鹼《せっけん》形の磨棒（石）が、前期後半になると磨盤の大きさを凌駕《りょうが》する磨棒が出現している。これらは、華北型雑穀農耕の起源地と目される興隆溝《シンロンゴウ》遺跡や裴李崗遺跡と比べると、定型性および道具としての完成度が低い。つまり、この韓国南部での発達が見られ、完成されたものが移入されたものではない。このことは、この地域の雑穀農耕は、人の移動をともなう農耕パッケージそのものの移入ではなく、起源地との文化的接触によって、栽培穀物と道具（加工法）に関するわずかな情報が伝わっただけで、それ以後地域ごとに発展してきたと考えざるを得ない。キビ・アワ圧痕の検出率から見ると、早期から晩期にかけてアワ・キビの検出率は徐々に増加している。ただ、東三洞貝塚の瀛仙洞式のアワ入り土器は前期後半であり、前後運動による脱稃を行う定型的な磨盤・磨棒も飛鳳里遺跡で前期後半に確認されているところを見ると、圧痕の出現率には現れていない何らかの変化が前期後半に起こった可能性もある。ここで確実にいえることは、これまで中期段階と考えられてきた農耕関連遺物の検出例や遺跡数の増加現象にはそれ以前に助走的な段階が存在していたという点である。

朝鮮半島から日本列島へ

土器に見る日韓交流の姿

宮本一夫氏や田中聡一氏によると、新石器時代の朝鮮半島南岸地域と西北九州地域とが対馬・壱岐《いき》島を介して交流関係にあったことは、その往来が漁撈《ぎょろう》活動に際しての偶発的な接触だけでなく、時期によっては何らかの目的と方向性をもっていたためと想定されている。その交流のピークは縄文時代前期前葉と後期前葉であり、前者の時期には朝鮮半島南部から西北九州地域へ、後者の時期には逆に北部九州地域から朝鮮半島南海岸地域への動きがあるという。

後期前葉以降の交流については、出水《いずみ》式土器以降、北久根山《きたくねやま》式土器前後の時期までの交流関係は再び低調になり、後期後葉の太郎迫《たろうざこ》式土器・三万田《みまんだ》式土器に始まる黒色磨研土器様式の時期における交流土器は現時点では確認されていない。そして再び交流の痕跡が認められるのが縄文時代晩期後半の黒川式土器段階の孔列文《こうれつもん》土器とされる。孔列文土器は欣《フ》岩《ナム》里《リ》式土器から駅三洞《ヨクサムドン》式土器の時期に相当し、縄文時代後期後葉の時期と併行する朝鮮半島南部の土器は刻目突帯文土器（可楽洞《カラクドン》式土器）であるという（田中二〇〇九）。この時期は宮本氏の想定する九州成熟園耕第二段階の前半期に相当するが（宮本二〇〇九）、土器から見た交流は低調な時期とされている。また、穀物自体だけでなく、玉文化の伝来など、宮本氏の挙げた穀物伝播の根拠についても岡田憲一・河仁秀両氏は否定している（岡田・河二〇一〇）。

　さらに宮本氏の九州成熟園耕第二段階の後半段階に関しても、人の移動をともなう可能性が指摘されているが（宮本二〇〇九）、黒川期の孔列文土器の評価に対して土器研究の上から積極的な人の移動をともなうような交流はなかったと、否定的な見解が示されている（宮地二〇〇六）。最近、土器圧痕《あっこん》調査の進展にともなって、関東地方・東海地方・中部地方・近畿地方・山陰地方で縄文時代晩期後半〜末のアワ・キビ・イネなどの穀物圧痕が検出されているが、九州地方の弥生時代早期並行期、またはそれ以後のものであり、それ以前の大陸系穀物の流入に関しては否定的な意見が多い（中沢二〇一一など）。

アワ・キビは日本列島へ波及したのか

まず、土器文化の上から両地域の交流が盛んであったと考えられている縄文時代前期前葉について考えてみたい。この時期はまさに朝鮮半島南部の新石器時代早期末から前期に相当し、先に見たように、韓国南部ではすでにアワ・キビの栽培が認められる。とくに両地域間の交流が盛んであったとされるこの段階の後半期においては、交流の方向性も朝鮮半島から北部九州へと向いたものと評価されており、このような土器に見られる交流の姿からは、十分にアワ・キビ農耕の伝播も想定可能である（表5）。

文様や器形に強い共通性が見られるのは、韓国の瀛仙洞《ヨンソンドン》式土器と日本の西唐津式土器である。しかし日本列島においては、この時期には農耕関連石器やアワ・キビの炭化穀物はもちろん、圧痕としても穀物はまだ一点も検出されていない。調査例が少ないので、絶対とはいえないが、これまでの圧痕調査によって当該期のアワ・キビを検出していないということは、仮に穀物伝播があったとしても、非常に希（少量）であるか、その伝播が地理的にきわめて点的で、九州地域もしくは日本列島全体に拡散しなかったことを意味している。このような栽培穀物のあり方は、朝鮮半島南部からの大規模な集団の移動をともなうような伝播ではなかったことを意味する。

広瀬雄一氏は、瀛仙洞式土器と屈曲胴部をもつ西唐津式土器が類似する理由として、文化的情報の伝達者（漁民男性）とその具現者（女性）の違いによる土器情報の不完全な伝播を挙げた（広瀬二〇一三）。つまり、土器のセットそのものが伝わったのではなく、土器製作の基本情報が完全に伝わらず、好みによって、文様や一部の器種が選別的に伝わったというのである。簡単にいうと、瀛仙洞式土器を見てきた漁師が奥さんに情報のみを伝え作らせたものという図式である。

しかし、対馬には多種多様な文様をもつ瀛仙洞式土器の器種組成全般がまとまって搬入されている（図32）。よって、対馬では人の移住があった可能性が高い。そうであれば、アワ・キビも必ず対馬までは来ているはずである。これを探るために、二〇一四年七月、

編年比較

土器等にみる韓日両地域の交流度	北部九州時代区分
弱	縄文時代早期
強 →	縄文時代前期
弱	縄文時代中期
← 強	縄文時代後期
弱	
無	
弱？	黒川〜刻目突帯文（縄文時代晩期）
強 →	刻目突帯文〜板付Ⅰ式（弥生早期〜前期初）
← 強	板付Ⅱ式〜須玖Ⅰ式

表5　韓国新石器～青銅器時代の主要作物組成と縄文・弥生時代

時期			大陸系穀物					在来・在来？・多起源地作物				
			アワ	キビ	イネ	コムギ	オオムギ	ヒエ	ダイズ	アズキ	アサ	エゴマ
櫛文土器（新石器）	早期（隆起線文土器）		●	●								
	前期（瀛仙洞式土器）		●							●		
	中期（水佳里Ⅰ式土器）		●	●					●	●		●
	後期（水佳里Ⅱ式土器）		●	●								
	晩期（水佳里Ⅲ式土器）		●	●								
無文土器（青銅器）	早期	渼沙里	●		●	●	●					
	前期	可楽洞			●							
		駅三洞										
		欣岩里	●	●	●	●	●		●	？		
	中期	先松菊里	●	●	●	●	●		●	●		●
		松菊里	●		●		●			●		
	後期	粘土帯文	●		●	●			●		●	●

韓日両地域の交流は，→が朝鮮半島から日本へ，←がその逆の方向性を意味する．

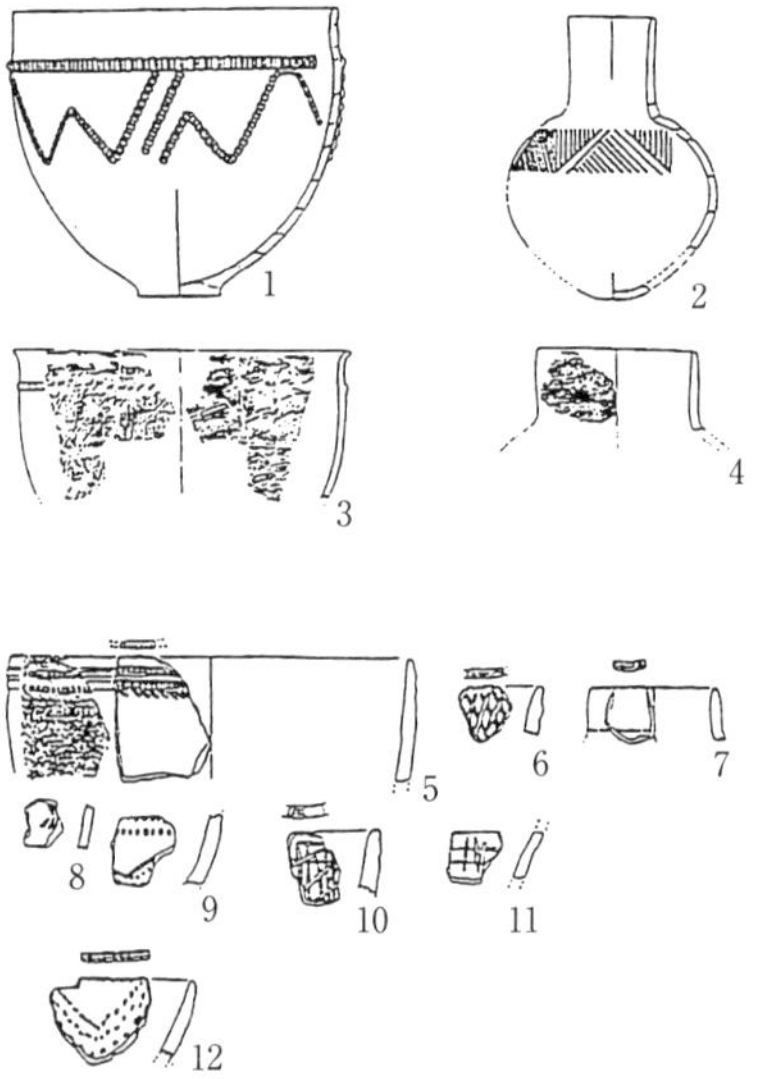

図32　対馬島出土の韓国南部の櫛文土器

対馬市教育委員会の尾上博一氏の協力を得て、対馬市の越高《こしたか》遺跡、夫婦《めおと》石《いし》遺跡、ヌカシ遺跡など、朝鮮半島系の土器を出土している遺跡の土器圧痕調査を行った。残念ながら、その結果は、まったくといってよいほど振るわなかった。ナワシログミのような種子の圧痕を見つけただけで、穀物の痕跡はつかめなかった。

日韓新石器人たちの交流の最前線である対馬では、どのような交流があったのか。その痕跡はかならずやこの対馬の遺跡から出土する土器に残されているはずである。その痕跡を探るために、しばらくはこの地へ足を運ぶことになろう。

朝鮮半島へのイネの伝播

朝鮮半島南部において、アワ・キビを主とし、ダイズやアズキ、エゴマなどを栽培した農耕にイネが入ってくるのが、櫛文《くしもん》後期以降である。ただし、櫛文後期にさかのぼるイネ資料は、議論の渦中にある（表6）。

青銅器時代、つまり無文土器前期段階のイネ資料は疑いようがないが、新石器時代のイネは人によって評価が異なっている。現在、櫛文土器の胎土《たいど》中からイネのプラントオパール（植物の細胞中に蓄積された種固有の形をしたガラス質）が検出されたと報告されているのは、晩期の例として農所里《ノンソリ》遺跡、後期の例として早洞里《チョドンニ》遺跡や注葉里《チュヨプリ》遺跡などがある。このプラントオパールによる栽培種の存在の可否の検討の問題点については、甲元眞之氏が、後代資料の混入の可能性の問題とともに、同定の難しさを指摘している。安承模氏もイネの特徴とされる扇形のプラントオパールがイネの他に別の植物にも類似したものが存在する可能性を指摘している。庄田慎矢氏は、朝鮮半島の新石器時代のイネ資料は、資料を吟味すると、土器中のプラントオパール資料しか残らず、コンタミネーションの可能性も捨てきれないとし、その評価はどちらともいえないと結論づけた。韓国での圧痕調査によってもいまだ新石器時代のイネは確認されていないという（中村ほか二〇一一）。

最近、大川里《テチョンニ》遺跡出土の穀物類の炭素年代測定値が公表された（韓ほか二〇一四）。オオムギやコムギはAMS年代で四三八〇±六〇BPと四五九〇±八〇BPと、住居址の炭化物と同じ年代を示すのに対し、測定されたイネ五点の年代は、一七七〇±六〇BP～二〇七〇±七〇BPの値を示した。調査者の韓昌均氏は同じ遺構から出た穀類の年代に二〇〇〇年ものの開きがあることに対して、イネの未炭化度合を原因の一つとして挙げているが、四点も同じような測定値がでていることから、この測定によって、新石器時代のイネ資料が科学的に否定されたと理解した方がよさそうである。

韓国南部最古のイネ資料

新石器時代のイネ関連資料を除くと、韓国でもっとも古い穀物資料は青銅器時代早期のものである。青銅器時代早期の突帯文土器段階には、漁《オ》隠《ウン》Ⅰ地区一〇四号住居址で確認されたように、アワ・イネ・オオムギ・コムギ・ダイズなどがともない、これは突帯文土器（渼沙里《ミサリ》式）とともに、鴨緑江流域もしくは遼東《りょうとう》から農耕生産を基盤とする住民たちが南下したことによって形成されたものと評価されている（安二〇〇四）。この突帯文土器の上限年代は研究者ごとに定まっていないため、これまでは、年代値の確実な炭化種子から穀物の構成を探るしかなかった。

年代	時期区分
4010±25 BP	櫛文後期
4070±80 BP	櫛文後期
4330±80 BP	櫛文後期
3502～2658BC 中朝鮮Ⅴ期	櫛文中後期
4220～4700 BP	櫛文後期
中朝鮮Ⅴ期	櫛文後期
南海岸新石器影島期	櫛文晩期
3500 BP	櫛文中期
3000 BP	櫛文中期

漁隠Ⅰ地区の炭化イネの年代二八五〇±六〇BPや炭化アワの年代二八三〇±六〇BPは縄文時代晩期末の黒川式の新段階とほぼ同じ年代値であり（李・李二〇〇二）、朝鮮半島南部でもオオムギやコムギの出現が紀元前一〇〇〇年頃をさかのぼらないことを示していた。また、庄田慎矢氏によって再

表6　朝鮮半島における新石器時代の稲作関連資料（宮本2003を改変）

遺　　跡	所　在　地	発　見　内　容
佳峴里(Gahyonri)	京畿道金浦市	イネ
城底里(Songjori)	京畿道高陽市	イネ籾
大化里(Daehuari)	京畿道高陽市	イネ籾
注葉里(Juyopri)	京畿道高陽市	イネ籾
早洞里(Jodongri)	忠清北道忠州市	イネ
大川里(Daechonri)	忠清北道沃川郡沃川邑	イネ籾，イネ
注葉里(Juyopri)	京畿道高陽市	胎土内プラントオパール
早洞里(Jodongri)	忠清北道忠州市	胎土内プラントオパール
農所里(Nongsori)	慶尚南道金海市	胎土内プラントオパール
牛島貝塚(Odo)	京畿道江華郡	イネ籾圧痕
佳興里(Gaheungri)	全羅南道羅州	水稲花粉
礼安里(Laeanri)	慶尚南道金海市	水稲花粉

測定された江陵《カンヌン》市校洞《キョドン》遺跡の炭化イネの年代値二八六〇±二〇BPもこれを大きくさかのぼることはなかった（Shoda 2010、庄田二〇一一a）。しかし、最近、孫晙鎬らによって、突帯文土器段階（青銅器時代早期）の渼沙里遺跡の住居跡出土土器の圧痕調査が行われ、漁隠I地区例よりも古いキビとイネの共伴例が報告されている（孫ほか二〇一〇）。

　これを整理してみると、朝鮮半島南部では青銅器時代早期後半（日本の縄文時代晩期＝黒川式期）にはアワに加え、イネ・オオムギやコムギがすでに存在していた可能性が高く、さらにそれ以前の青銅器時代早期前半（縄文時代後期後半相当期）にもキビとイネは存在しており、これにはアワも加えられるであろう。これに対し、我が国では、縄文時代後期末と考えられるイネ圧痕資料があるが、これは議論中であり、まったく新しいものとの評価がある（次節参照）。これを除くと、古いもので、縄文時代晩期後半の黒川式の新段階から突帯文土器出現期にかけての土器からイネやアワの圧痕が検出された例があるが、弥生早期以降でなければイネやアワにキビやオオムギ・コムギなどのムギ類を加えたセットは出揃っていない。これは、伝わり方の問題か、資料学上の問題か、判然としない。

中村大介氏らは、イネが青銅器時代早期（突帯文土器）段階に併行する縄文時代後期後半に伝播していたとしてもそのまま展開しなかったとし、青銅器時代成立の画期の一つとして水田稲作に注目する必要を強調している（中村ほか二〇一二）。庄田氏も縄文時代後期のイネが存在していても歴史的重要性はないことから、有無論は生産的でないとし、論調はむしろ「伝播していなかった」と評価している（庄田二〇一一b）。

圧痕資料から見た九州後・晩期農耕論

九州地域における検出圧痕

これまでの縄文農耕論の議論は主に炭化種実に基づいて行われてきたが、近年のレプリカ法（圧痕法《あっこんほう》）の進展により、炭化種実のもつ時期認定に関する曖昧《あいまい》さが解消され始め、不十分とはいえ、栽培植物の種類やその出現ならびに展開の時期について大まかな傾向が把握できるようになってきた。その中でもとくに、中沢道彦氏らが推進している縄文時代から弥生時代にかけての全国的なアワ・キビ・イネなどの大陸系穀物のレプリカ法による探査は、各地でのそれらの出現時期を明らかにしつつある（中沢二〇一四a・二〇一四b）。中沢氏は九州地方で検出された大陸系穀物の圧痕に関して、①縄文時代晩期前半以前の圧痕資料は土器型式や圧痕そのものの同定に問題があるもので、九州地方においても、列島全体と同じく、突帯文土器出現期以前にはその伝来はなかった、②ただし現在日本最古のイネ籾《もみ》圧痕と評価されている島根県板《いた》屋《や》Ⅲ遺跡の前池《まえいけ》式土器併行期と同じ突帯文土器出現期にはその伝来の可能性はあると述べている。

筆者はかつて縄文時代後期後半～晩期中頃（三五〇〇～三〇〇〇年前）に朝鮮半島から大陸系穀物（無文土器雑穀農耕）が流入したと考えていた。その後、鹿児島県水天向《すいてんむかい》遺跡の入佐《いりさ》式土器古段階のイネ籾付頴果《えいか》圧痕をもとに縄文時代後期末の天城《あまぎ》・古閑《こが》段階（三三〇〇年前）に絞り込んだ。しかし、この水天向遺跡のイネ籾圧痕土器に関しては、宮地聡一郎氏によって弥生時代以降の土器である可能性が指摘された。これで、これまで九州地方で縄文時代後期以前とされた大陸系穀物の圧痕資料については、ほぼすべてに否定的な見解が提示されたことになる。

山ノ寺式・夜臼Ⅰ式期以降

山《やま》ノ寺《てら》・夜臼《ゆうす》Ⅰ式期には、板付《いたづけ》遺跡などから検出された灌漑《かんがい》水田遺構や炭化米により、本格的な水稲耕作が行われたことは明らかである。佐賀県菜畑《なばたけ》遺跡では炭化米に加え炭化アワも検出されている。この例は、炭化アワ資料としては北部九州最古のものであろう。本遺跡では、遠藤英子氏によって山ノ寺式・夜臼Ⅰ式期に属する九～一二層出土土器一点、八層上出土土器二点からイネ籾付頴果圧痕、一二層出土の深鉢の底部からアワ有稃果《ゆうふか》圧痕四点が検出され、圧痕によっても

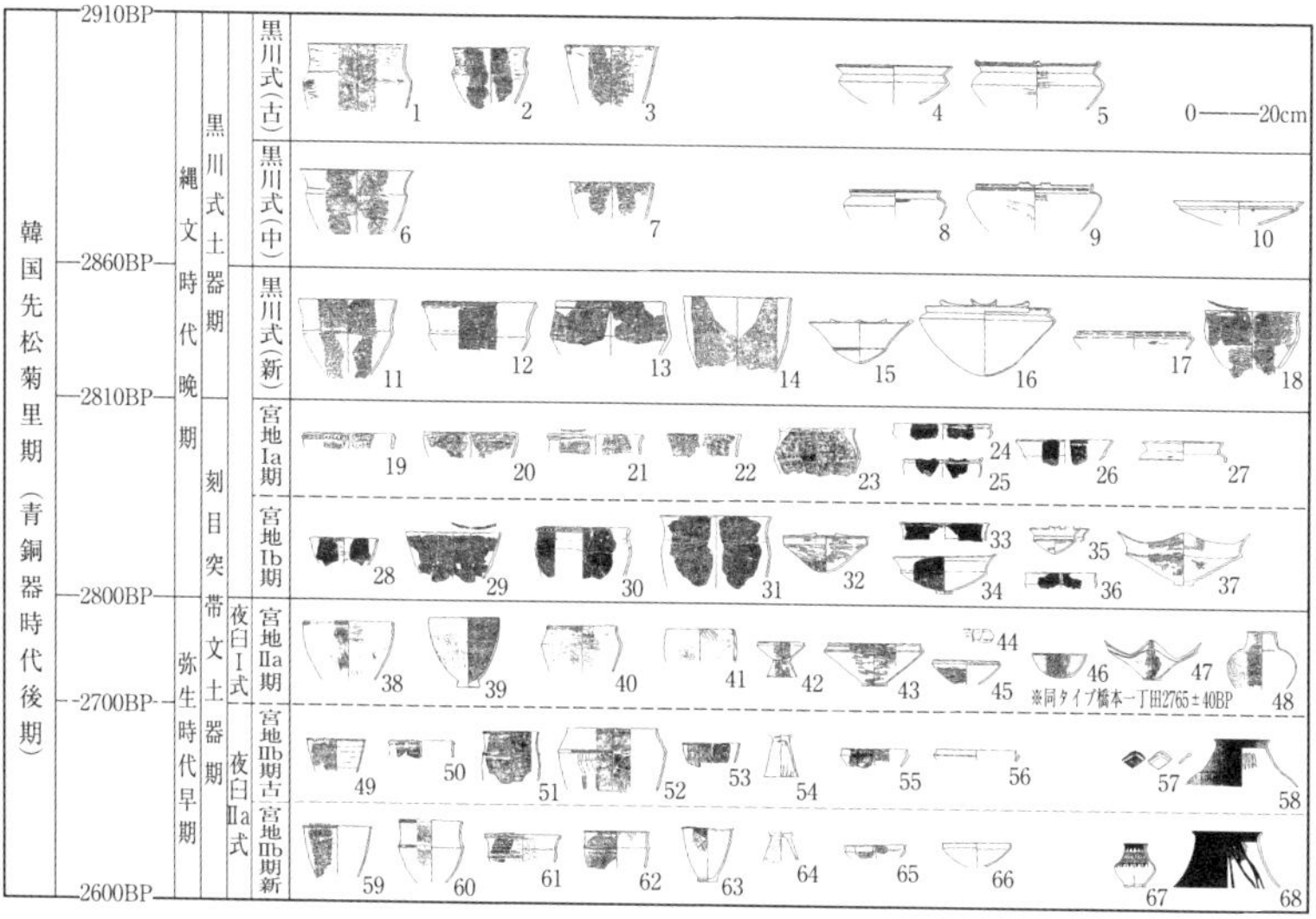

図33　縄文時代晩期中葉・後葉〜弥生時代早期の土器編年図（宮地2008a・bより作成）

1・2大坪，3大原D，4古閑，5・14・15貫・井手ヶ本，6〜10堀田，11・17・18深水谷川，12・16春日台，13榎崎B，19〜27長行，28〜37江辻，38・40・48橋本一丁田，49諸岡，41・43・44・47菜畑，42久保泉丸山，45板付，46・64・68雀居，49〜58・62・63・67野多目，59〜61・65・66那珂

当該期の大陸系穀物の存在が確認されている。これ以前までは、この時期の大陸系穀物の圧痕は、鹿児島県上中段《かみなかだん》遺跡のイネ籾付穎果の圧痕例（山ノ寺式・夜臼Ⅰ式期）と筆者らが検出したアワ有稃果圧痕（夜臼Ⅱa式期）があるのみであった。宮崎県黒土《くろつち》遺跡はイネ圧痕が報告書発行時から知られていたが、最近、中村直子氏らのグループによって、都城《みやこのじょう》市内の縄文晩期から弥生時代の遺跡を中心に圧痕調査が実施され、

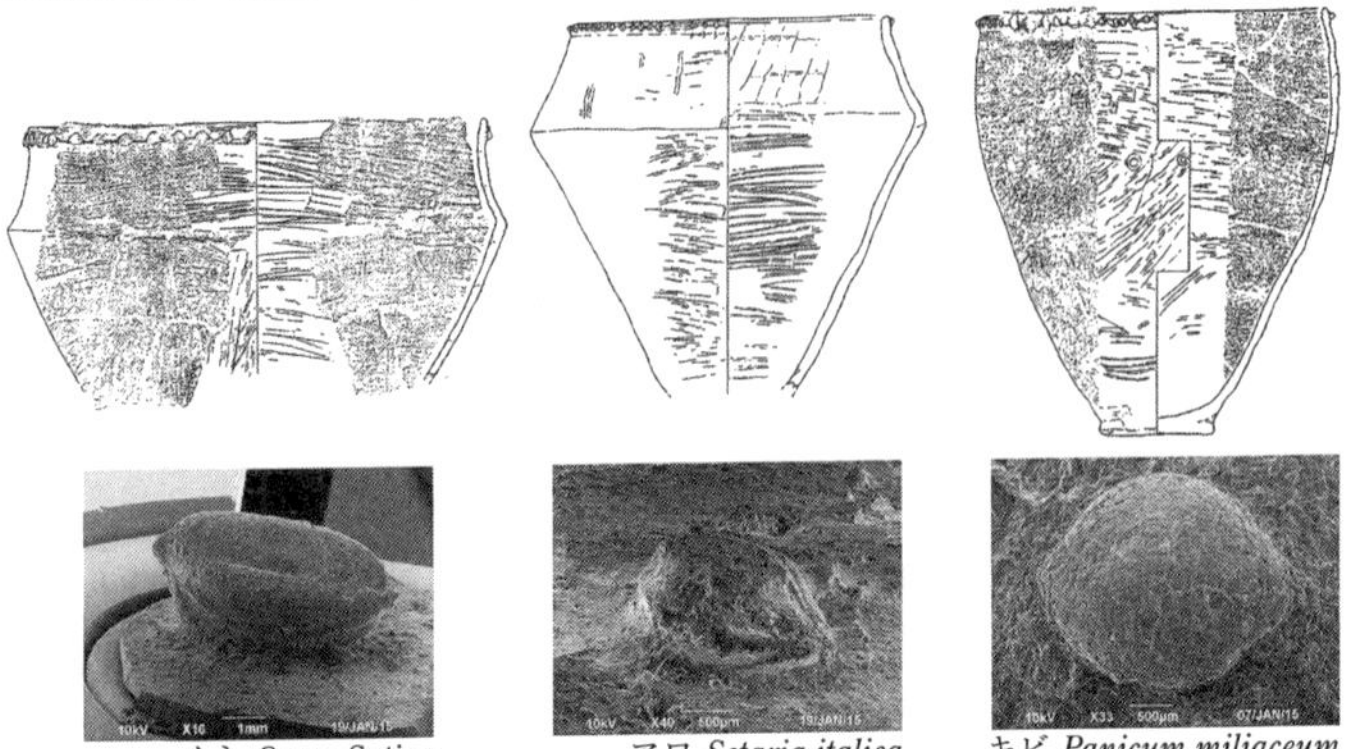

図34　福岡県橋本一丁田遺跡の山ノ寺式・夜臼Ⅰ式期圧痕土器および圧痕レプリカ SEM 画像

アワを含めた大陸系穀物の圧痕が検出された。中沢道彦氏は、坂元B遺跡や同黒土遺跡のアワやイネの圧痕は夜臼Ⅰ式～夜臼Ⅱa式期と評価し、これらを加えた全国的な圧痕資料を根拠に、日本列島には突帯文土器期をさかのぼる縄文時代晩期前半にイネ・アワ・キビなどの穀類が存在した証拠はないと述べている。

筆者らを含めた最近の当該期遺跡の圧痕調査によって、福岡県原遺跡、橋本《はしもと》一丁《いっちょう》田《だ》遺跡、那珂《なか》遺跡などからアワやキビ有稃果の圧痕土器が検出されている（図34）。橋本一丁田遺跡出土のキビの圧痕は島根県三田谷《さんただに》Ⅰ遺跡例に並ぶ日本でも最古級の例と考えられる。よって、山ノ寺式・夜臼Ⅰ式期にはすでに水田遺構や炭化米とともに圧痕においても、イネ・アワ・キビ資料が検出されているので、水稲耕作とともにアワやキビ、マメ類、エゴマなどの畠（畑）作が行われていたのは確実である。焦点は、これらが突帯文土器出現期もしくはそれ以前にさかのぼるのかにある。その前に、黒川式土器以前、縄文時代後期・晩期前葉の状況を見ておこう。

古閑式期以前

縄文時代中期末の阿高《あたか》式土器から古閑式（入佐式古段階）土器にかけての圧痕資料のうち、栽培植物としてダイズ・アズキ・エゴマがあり、これらに野生植物のコナラ属、サンショウ属（カラスザンショウが多い）などの種実、さらにコクゾウムシが加わるものである（図35）。この時期の確実な大陸系穀物はまだ検出されていない。かつて、この時期の大陸系穀物として評価を受けた圧痕は、もっとも古いもので、山崎純男氏によって発見された、熊本県大矢《おおや》遺跡（阿高式土器）のイネ圧痕があり、続く時期には同石の本遺跡（鳥《とり》井原《いばる》式土器・古閑式土器）や同太郎迫《たろうざこ》遺跡（太郎迫式土器）などからイネ籾の圧痕が検出されていた。しかし、これらはイネとしての同定要件に欠ける点から中沢道彦氏によって否定された。さらにアワとして報告された福岡県重留《しげとめ》遺跡例（天城式土器・古閑式土器古段階）も一点はアワとしての要件に欠け、もう一点は炭化物のため検証できないと評価されている。また石の本遺跡の天城式土器のオオムギ圧痕と報告された資料に関してもオオムギ頴果の要件は満たされていない。上記の水天向遺跡の籾圧痕土器のように、イネ籾付頴

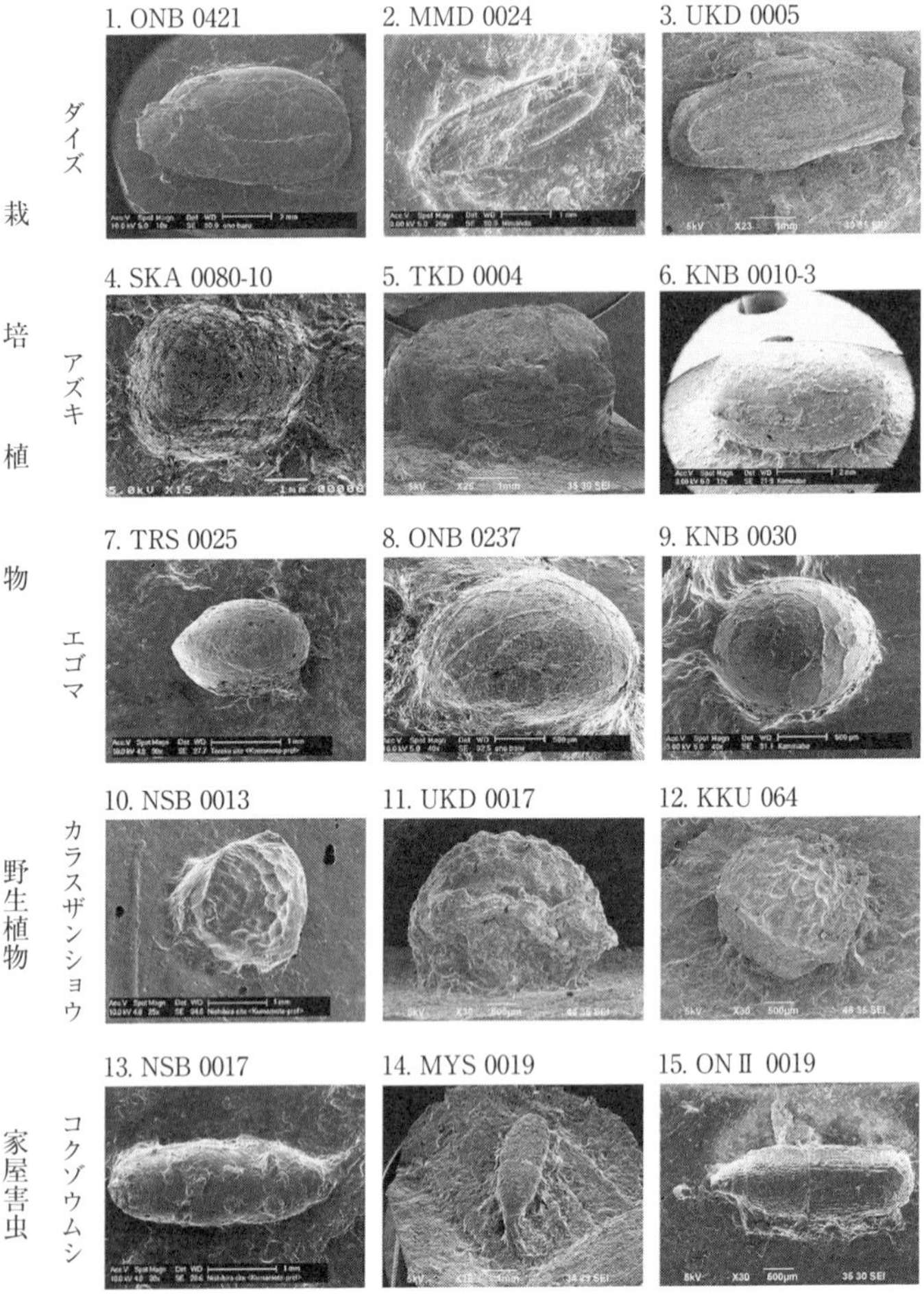

図35　九州地方縄文時代後期～晩期前葉の主な種実・昆虫圧痕レプリカ SEM 画像

1・8大野原遺跡（長崎県），2三万田遺跡（熊本県），3・11上加世田遺跡（鹿児島県），4四箇A遺跡（福岡県），5塚ヶ段遺跡（鹿児島県），6・9上南部遺跡（熊本県），7渡鹿貝塚（熊本県），10・13西平貝塚（熊本県），12柿内遺跡（鹿児島県），14宮之迫遺跡（鹿児島県），15面縄貝塚（鹿児島県）

果としての要件は満たすものの、土器の型式認定により、縄文時代後期ではなく、突帯文土器出現期～弥生時代早期もしくは弥生時代以降のものと評価された例がある。

これに反して、この時期の確実な例を増やしているのがマメ類の圧痕である。宮崎県内《うち》野々《のの》遺跡からは小池原《こいけばる》上層式土器の時期のダイズやアズキが圧痕として検出され、これまで推定されていた九州地方へのマメ類栽培の伝播がさらに後期前葉までさかのぼることが明らかになってきた。アズキの炭化資料も野添《のぞえ》遺跡や広原《ひろわら》第一遺跡で後期後半～晩期初頭の例が検出されている。また、鹿児島県内では、アズキ―塚ヶ段《つかがだん》遺跡（上加世田《うえかせだ》式土器）、ダイズ―上加世田遺跡（入佐式土器）の圧痕が追加されている。

以上の状況から見て、今のところ、本段階には大陸系穀物圧痕で確実なものは検出されておらず、東日本から伝播したアズキ・ダイズ・エゴマを中心とした畑（畠）作物が栽培された段階であるといえよう。

黒川式～突帯文出現期

問題となるのが、縄文時代晩期中葉～後葉の黒川式の段階である。黒川式土器は三時期もしくは二時期に分けられているが、黒川式土器古段階の圧痕資料はわずかであり、中段階の圧痕資料はまったくない。これは栽培植物がなかったという意味ではなく、この時期の圧痕調査がほとんど行われていないことを意味する。黒川式土器古段階の例としては、長崎県礫石原《くれいしばる》遺跡のダイズ種子圧痕、福岡県原田十楽《じゅうらく》B遺跡のエゴマ果実圧痕があるのみである。この段階は依然、先の晩期前葉までの状況と似た様相を示しており、その実態も同じであった可能性がある。

このような状況が変化する、つまりアワやイネの圧痕が検出され始めるのは、黒川式土器新段階もしくは突帯文出現期の資料群である（図36）。二〇一五年二月に「九州縄文晩期の農耕問題を考える」をテーマに開催された九州縄文研究会の席上、筆者が検出したアワ有稃果圧痕をもつ大分県石井入口《いしいいりぐち》遺跡出土の精製浅鉢形土器（図36―1）は宮地聡一郎氏によって、突帯文出現期と評価された。ただし、宮崎県右葛ヶ迫《みぎくずがさこ》遺跡の無刻目の断面三角形の突帯をもつ粗製鉢形土器（図36―8）については、宮地氏はその時期比定を保留したが、桒畑光博氏は松添式（黒川式新段階）と評価した。これ以外に、宮崎県星原《ほしはら》遺跡や坂元B遺跡において組織痕土器からアワ有稃果圧痕が検出されているが、組織痕土器が突帯文土器まで残るという可能性から時期的には突帯文土器の段階と評価されている（中沢二〇一四b）。これ以外に、鹿児島県小迫《こざこ》遺跡から検出したイネ籾付頴果やエゴマ圧痕をもつ内傾する口縁部をもつ精製浅鉢形土器（図36―10）について、宮地氏は刻目突帯文Ⅱa期と評価した。本遺跡土器もこれまで、黒川式新段階から突帯文土器の間におかれた干《ひ》河原《ごばる》段階（東二〇〇九）と評価されてきたものである。

以上の状況から見ると、中沢氏が予想したように、突帯文出現期には九州地方でもア

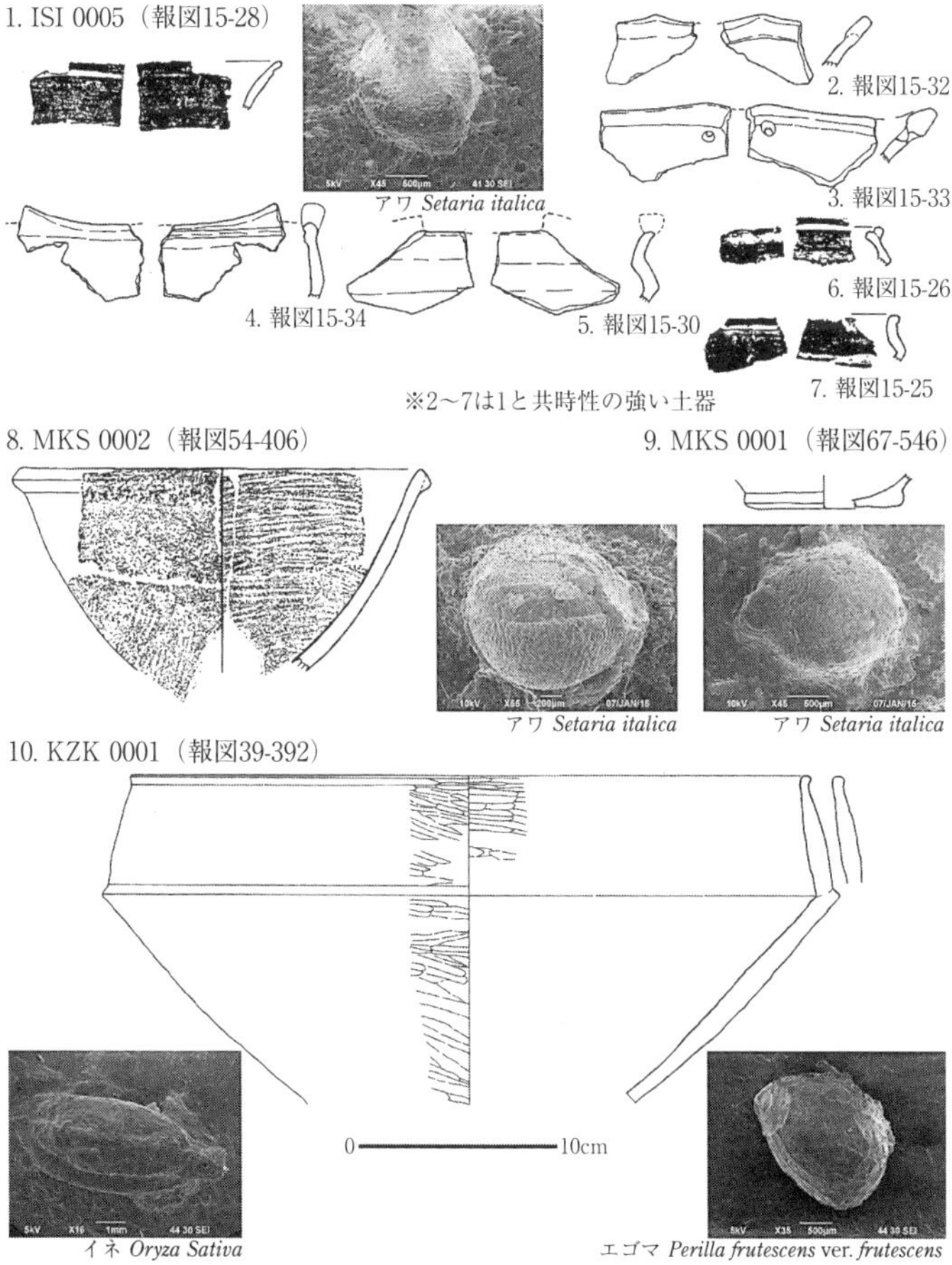

図36　黒川式新段階～突帯文出現期の可能性のある圧痕土器と圧痕レプリカSEM画像

ワ・イネが確かに存在した。問題はそれが黒川新段階までさかのぼるか否かである。これは土器編年観次第ということになる。少なくとも韓国の無文土器前期の駅三洞《ヨクサムドン》・欣岩里《フナムリ》段階には九州地方にはアワやイネが伝播していたことは確認できた。

残された問題

残された問題は、黒川式土器と突帯文土器の間に位置づけられる干河原段階（東二〇〇九）の編年的位置づけや黒川式新段階の地域ごとの年代差である。干河原段階の土器は、鹿児島県や宮崎県、長崎県南部を含む地域に分布している地域的な土器であるが、黒川式土器新段階から宮地編年の突帯文Ⅰ期を含み、場合によっては突帯文Ⅱ期の一部を含んでいる可能性がある。たとえば、鹿児島県上水流《かみずる》遺跡の干河原段階とされる鰭付《ひれつき》浅鉢形土器は二七一〇±三〇BPの年代値をもち、これは北部九州の山ノ寺式・夜臼Ⅰ式土器よりも五〇年新しい。また、干河原段階が黒川式土器新段階と同じであったとしても、地域ごとに同一土器型式の使用年代や使用期間に傾斜があれば、土器から出てくる圧痕穀物を土器型式ごとに並べても穀物の拡散状況は復元できない。国立歴史民俗博物館の年代測定の結果によると、刻目突帯文土器の地域的年代的傾斜は、北部九州と南部九州では二〇〇年ほどの開きがあるという。九州縄文文化研究会の討論会の席上で、宮本一夫氏は北部九州では突帯文土器が使用されているときに、中南部九州ではまだ黒川式土器を使用していたという考えを示した。

これを炭素年代法の問題になぞらえて、「年代値は得たものの、それを較正曲線に乗せたとたんに二四〇〇年問題にぶち当たったようなものである」と表現したことがある。「二四〇〇年問題」とは、簡単にいえば、較正曲線がこの時期に水平になり、炭素測定値をこの線上にのせても、年代が正しくでない現象のことをいう。土器圧痕として発見される穀物資料は、突き詰めれば、植物学や農学の問題ではなく、考古学の解釈の問題なのであり、その解釈は属人的で不安定さをぬぐえない。

しかし、九州地方においても、突帯文土器出現期に確実なイネやアワがあったことは、ほぼ間違いないものとなった。よって、穀物伝播がそれ以前の黒川式期にさかのぼるか否かは、理論的に考えれば、北部九州地域の黒川式土器を調査することで、先の問題を回避することができるということになる。

日本列島の農耕化諸段階

細かな部分での問題点は残されているが、九州地方において近年蓄積されてきた圧痕資料は、縄文時代後期から晩期前半（黒川式古・中段階）までと、黒川式新段階以降とでは、その組成が大きく異なることを示しつつあり、このあたりに大きな画期があるようである。そして、穀物としての要件と縄文土器としての要件の両方を満たす、すべての考古学者が許容する確実な大陸系穀物は、現状では黒川式新段階以降に限られている。

日本列島における大陸系穀物の渡来地の一つと考えられる九州地方の事例を軸に、暫定的ではあるが、日本における農耕化を以下のように段階づけしておきたい。

Ⅰ　期　有用植物の栽培開始＝後期旧石器時代（一万六〇〇〇年前以前）

ヒョウタンを容器として利用するために栽培した可能性がある。

Ⅱ　期　食用植物の栽培開始＝縄文時代草創期〜早期（一万六〇〇〇〜七三〇〇年前）

アサ、エゴマ、ヒエ、アブラナ科が出現する時期であり、栽培された地域は局所的であるが、繊維用の植物以外に、穀物や油性種子など食用植物の栽培が開始される。

Ⅲa期　マメ類・ウルシの栽培開始＝縄文時代前期（七三〇〇〜五五〇〇年前）

中部高地や西関東地域を中心として、堅果類《けんかるい》以外で長期貯蔵可能なデンプン源であるアズキやダイズ（メジャーフードとしての利用が可能）が栽培されるようになり、集落の安定化（定住）や人口増加など社会的変化に影響を与えた。これ以外に、前代の栽培植物にゴボウも加わる。

Ⅲb期　植物栽培の隆盛と全国的拡散・九州への東日本系栽培植物の伝播＝縄文時代後期〜晩期前葉（五五〇〇〜二八六〇年前）

アズキ・ダイズ・エゴマの栽培植物に野生植物のコナラ属・サンショウ属、それにコクゾウムシが加わる組成。とくに中期末以降は西日本にマメ栽培の中心地が移行していく。東・東北日本を中心としてクリの管理栽培が開始される。この段階で大陸系穀物を除く栽培植物はほぼ出揃う。エゴマやマメ類などの栽培植物は東日本から後期前葉には伝播してきている。

Ⅳ期　大陸系穀物（無文土器雑穀農耕）の流入＝縄文時代晩期中葉〜後葉（二八六〇〜二八〇〇年前）

黒川式土器の新段階＝干河原段階・宮地編年突帯文Ⅰ期を含むこの段階のとくに後半期に九州においてもアワ・キビ・イネが伝来してきた可能性が高い。これらは同時期の朝鮮半島無文土器文化の穀物組成であり、在来のマメ類やエゴマなどの栽培が加わる。コムギ・オオムギについては、この段階もしくはこの後のⅤ期である可能性もある。ただし、大規模な人の移動をともなうものではなく、これら作物の栽培はコロニー的な集落で小規模に行われていたものと考えられる。

Ⅴ期　水稲耕作の到来＝弥生時代早期以降（二八〇〇年前以降）

朝鮮半島無文前期の水稲耕作をともなう文化複合が伝来する時期であり、一定規模の集団の移住をともなう。モモ・ウメなどの栽培樹木も到来する。

この段階説はここ一〇年来蓄積されてきたレプリカ法を基軸とした調査研究の成果をもとにしている。現時点で最も信頼のおける古民族植物学的データといえる。しかし、次に述べるように、レプリカ法では見えなかった世界が新たな技術や手法によって明らかになりつつあり、本段階説も近い将来、覆されるやもしれない。

圧痕法が明らかにしたもの

圧痕法とその歴史

圧痕調査の成果

前章で示したように、主に「レプリカ法」と呼ばれる土器圧痕《あっこん》の調査法によって、今世紀に入って、縄文時代の栽培植物であるダイズやアズキの種子や世界最古の貯蔵食物害虫コクゾウムシが発見されるなど、レプリカ法は我が国の古民族植物学の分野において、大きな貢献を果たした。これ以外にも、土器圧痕はこれまで低湿地遺跡から発見される未炭化種実や台地上の遺構から検出される炭化種実が少なかった時代や地域においても、その資料を補い、研究の進展に大きく貢献している。現在では、イネ・アワ・キビ・ムギ類などの大陸系穀物の流入時期の解明や弥生時代の遺跡ごとの穀物の組成の違いなどの研究においても中心的な基礎資料となっている。

このような研究の発展の基礎を作ったのは、レプリカ法の方法とその可能性を示した丑野毅氏であり、それを土器圧痕に応用し、列島の農耕史の実証的解明に力を注いだ中沢道彦氏であった。丑野氏は圧痕レプリカ法を、シリコーンゴムを用いて圧痕のレプリカを作成し、それを走査型電子顕微鏡で観察・同定するものとし、その方法を提示した。そして、本手法は石器の使用痕分析や植物種子の同定にも適応できると述べている（丑野・田川一九九一）。これ以降、中沢氏は丑野氏とともに、この手法を用いて日本列島各地の農耕関連資料、とくに縄文時代から弥生時代初頭の「イネ籾《もみ》圧痕」の検証を行った（中沢二〇〇五）。そして、二〇〇三年頃には、九州地方で山崎純男氏が本手法を用いて、遺跡から出土するすべての土器を調査する方式を採用し、縄文時代のイネやコクゾウムシの圧痕の検出に成功した（山崎二〇〇五）。これによって、レプリカ法の有効性が立証され、今日的なブームの基礎となった。

圧痕法の歴史

丑野氏の定義によると、レプリカとは、「失われた剝片・石核、土器に残された圧痕など、その部分を形作っていたものが失われたことによりある空間が残される。そこに印象材を充填することによって得られたものがレプリカであり、空間を残したものの原体にきわめて忠実な複製」とある。実はこの圧痕部のレプリカを作成する方法は、日本考古学においては一〇〇年以上前に始まっており、坪井正五郎《つぼいしょうごろう》が土器底部の編組製品圧痕をガラス窓のパテ材で型取りしたのが初めてであろう。その後、山内清男《やまのうちすがお》はイネ籾圧痕を石膏《せっこう》で型取りした。ヨーロッパにおいても、種実圧痕が注目されるようになったのは、日本とほぼ同じ二〇世紀初頭である。その後、土器や粘土塊（日干し煉瓦）の植物圧痕の価値は、スカンジナビアや英国での植物遺存体の研究が発達するとともに次第に重要視されるようになっていった。しかし、レプリカ法の手法と原理を初めて示したのは、レンフリューやステムラーとファルク諸氏である。これを見ると、今日的な離型剤を用いたレプリカ法は、ヨーロッパでは日本に比べ二〇年ほど早く開発されていたようである。

ただし、山内は、今日でいうレプリカ法を「土器の表面に故意又は偶然につけられた種々の物体の陰像に基づき、粘土、油土、石膏、モデリング、溶融点低い合金類等によって既に廃滅に帰した生物体或は人工品の陽像を復元すること」（一九二五年執筆）と定義しており（山内一九六七）、各種印象材による型取という手法の説明だけでなく、その目的が三次元像の復元にあること、そして、圧痕の成因に「故意」と「偶然」があることなど、九〇年も前に本手法の真髄を言い当てている点は驚きである。印象材によって複製された生物体や人工品の陽像をレプリカというため、本手法は今では「レプリカ法」と称されるが、今日的視点に立って読み替えれば、レプリカの訳語である「複製品」ではない「陽像」という言葉を使用しているのは、レプリカ（3D像）もデジタル化され得ることに気づ

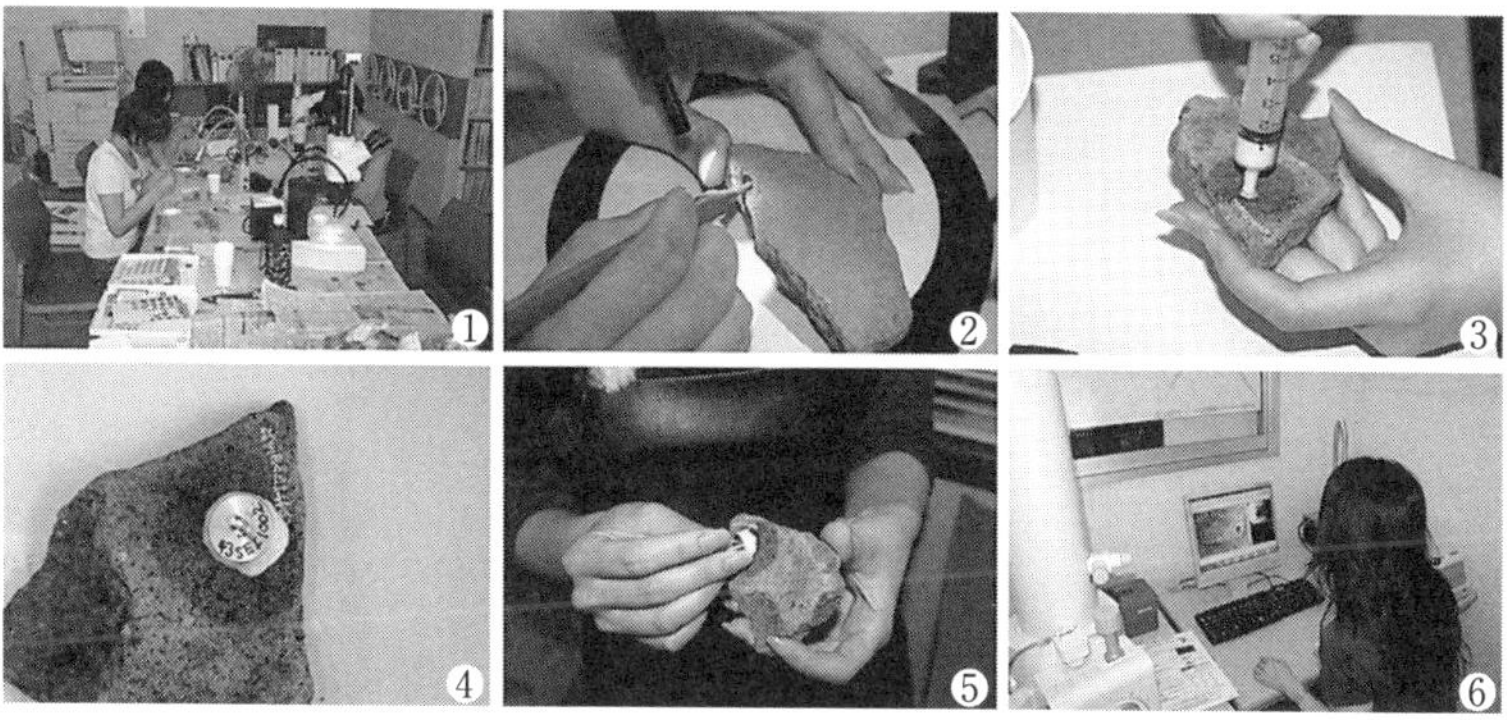

図37　レプリカ法の作業手順

1圧痕のある土器を探す，2きれいに穴の中の土を落とす，3圧痕にシリコーンゴムを注入する，4マウントをつけ乾燥させる，5レプリカを外す，6走査型電子顕微鏡で観察・写真撮影を行う

かせてくれており、さらに圧痕成因が「故意」か「偶然」かという問題も、私たち圧痕研究を行う者が直面している今日的な課題でもある。

従来の手法―レプリカ法

レプリカ法では、肉眼や低倍率のルーペを使用し、土器表面や断面に残る植物のタネやムシ、貝などの圧痕を探し出し、そこに印象材を充填して、陽像を作る。そして、その同定や観察・撮影にはできるだけ走査型電子顕微鏡を用いることが推奨されるのも日欧共通である（図37）。ただ、調査者によって異なるのは、印象材を充填する前に土器圧痕表面に塗る離型剤や型取りのための印象材そのものである。離型剤は土器や圧痕の表面が印象材によって壊れるのを防いだり、レプリカを土器から剥がしやすくなるという効果がある。マーギッド氏らは離型剤として、ワセリンとパラフィンのトルエン溶液を紹介している（Margid and Krzywinski 1995）。

我が国では、二通りの方法があり、福岡市埋蔵文化財センター開発の方式（比佐・片多二〇〇五）ではパラロイドのアセトン溶液が使用されるのに対し、丑野氏は水を用いている。

印象材は、柔軟性、弾力性、適度な硬さ（取り出しやすさ）をもつものが理想であり、ヨーロッパでは、Revltex VRB 949 溶液（Renfrew 1973）、モルド・イットと呼ばれる化合物（Stemler and Falk 1981）、RTV-M 400 シリコーンゴム（Margid and Krzywinski 1995）などが紹介されている。丑野・田川両氏（丑野・田川一九九二）は、米国カウルク社製の歯科医師が歯型をとるために使用するジェルコーンまたはリプロシルというシリコーンゴムを使用しているが、固まるタイミングとレプリカを取り出すタイミングが難しいため、筆者らはより柔軟に固まるブルーミックス・ソフトを用いている。

いずれにせよ、これら材料は、対象物と資料の置かれた諸条件に合わせて使い分け、土器や圧痕にできるだけダメージを与えないようにすることが大切である。

圧痕は何を残しているのか

近年、圧痕《あっこん》法による研究の進展にともない、圧痕資料の意味するもの、つまり圧痕資料のもつ「質」が問われだしてきている。土器圧痕の形成過程についてまとめた遠藤英子氏は、圧痕資料の定量分析へ向けた理論の整備の必要性を説きながら、「レプリカ資料は植物利用全体をどれほど反映しているのか？」という問いを投げかけている（遠藤二〇一二）。同じような疑問はすでに諸外国の研究において指摘されていた。

圧痕種実の来歴

ナイジェリアのチャド湖周辺に展開した末期石器文化のガジガンナ文化（一八〇〇〜八〇〇BC）の遺跡で行われた土器圧痕調査では、第一期（一八〇〇〜一四〇〇BC）段階は野生イネ科種実圧痕が検出されているが、その量はわずかであった。これに対し第二期（一五

○○～八○○BC）では多量の栽培トウジンビエや野生のキビ属・イネ科植物の種実圧痕が検出されている。この成果から、第一段階は野生キビ属やイネ科の利用はあるが、季節的な居住形態と牧畜、漁撈《ぎょろう》などを加えた経済戦略であり、それが第二期の後半段階（一〇〇〇～八〇〇BC）になると、野生の雑穀やイネの採集は続けられながらも、トウジンビエの栽培が発達し定住化が成立したと評価されている。

これは、同じ地域の同じ文化における農耕化の問題であり、同条件の中での比較であるため、定性的には有効である。しかし、問題は、第一段階から第二段階の大きな変化が、土器混和材が鉱物からキビ属やイネ科植物の籾殻や茎などの植物質へ変化している点である。これは、植物種実や植物遺体の土器への混入が偶然から故意へと変化したことを意味する。このような場合、栽培トウジンビエの出現は定性的な評価として、栽培の開始の証拠とすることはできるが、故意に入れられた栽培植物遺体をもとに農耕と採集への依存度を定量的に評価することへの疑問が出されている。また、別の遺跡の事例では、圧痕のみでの種類が多様であるのに対し、圧痕が一定種に限られることも示されており、圧痕の炭化種実植物利用のすべてを評価することはできないことが述べられている（Klee et al. 2004）。

変質と変形

では、意図的な混入がない場合、圧痕種実は台地上の土壌から検出される炭化種実や低湿地土壌から検出される未炭化種実と、資料としての性格がどのように異なるのだろうか。

土器圧痕の成因を明らかにするためのもっとも重要な観点は、種実資料の場合、「未炭化相（低湿地土壌に多い）」、「炭化相（台地上の遺構や包含層の土壌に多い）」、「圧痕相（土器圧痕）」のそれぞれの出現傾向であり、それらの量と質の比較である。その際注意が必要なのは、①遺跡に残される資料は、人間による行為や自然の営力の違いを反映して、異なる組成で現れるという前提があること、そして、②過去の時点で残された種実組成が、遺跡土壌中に埋まった後に、どの程度きちんと保存され、どの程度過去の組成を忠実に反映するのかという、埋没状況下での質の変化や量の変化を考慮せねばならないという点である。さらに、上記した種実資料の三相は、①と②の両者において、まったくそれを反映する度合や残る度合が異なっている点にも注意が必要である。つまり、この三相の種実は同じ条件下で成立・残存したものではないのである。

大型植物遺存体（タネ）や動物遺存体（ホネ）に限らず、遺物が形成され、埋没し、考古学者によって回収されるまでに様々な要因によってバイアス（偏差・変質）が生じる（図38）。実は残り具合のよい土器や石器も埋没過程で変質・変形しているのである。たとえば石器の表面に見られる風化層はその好例であり、本来の石器は白い風化層がなく、黒光りしていた。また、本来きらきらと銀色に輝いていたはずの鉄器に見られる茶色のさび

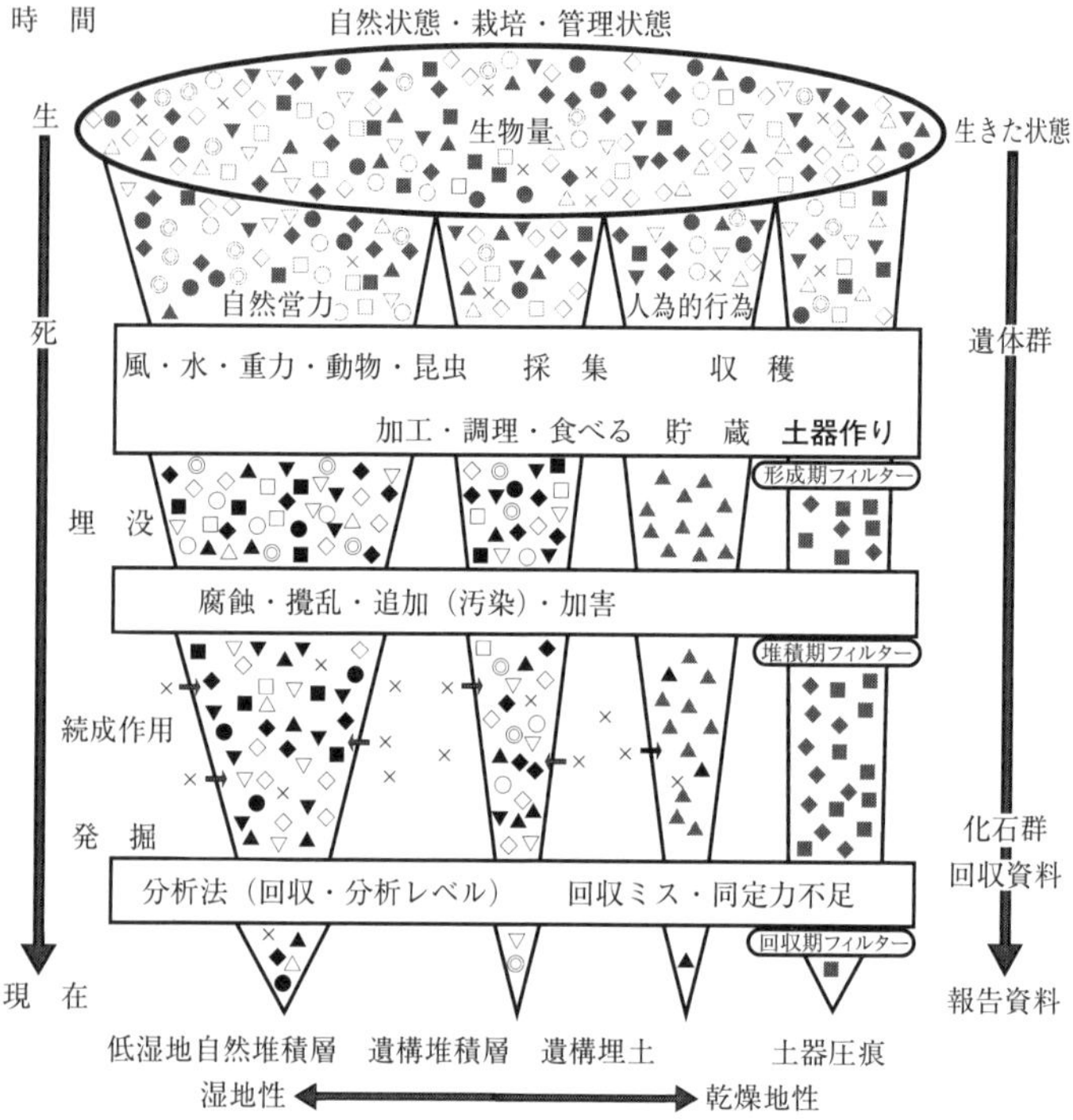

図38　遺跡における植物遺存体の埋没から記述までの概念図

も埋没過程における変質・変形の結果である。しかし、遺跡に残されたタネやホネなどの有機物はこれら無機質の人工遺物より変質・変形作用を受けやすく、このため様々なバイアスが先史時代の食事を復元する上で大きな障壁となり、最終的に報告される資料群の質と量を限定する（Deborah 2000）。それらのバイアスは、過去から現在までに様々な資料改変の要因フィルターが存在し、資料がそれらを通して現在に至っているために生じたものである。それとともに、そのバイアスのかかり方は資料の回収・分析法によっても異なっている。つまり過去に起こった出来事は、この時間経過（縦軸）と分析手法（横軸）の編み出すフィルター網をろ過してきた遺物群（バイアスの集合体）として表現されるのである。考古学者は残された遺物に対してそのようなバイアスがかかっていることを十分に理解して遺物群を解釈せねばならない。

圧痕種実の特性

圧痕種実は、未炭化・炭化種実に比べ、資料そのものの残存率（変形・変質を受けにくい＝残りやすさ）と資料の質による同定率（同定の根拠となる部分の残有率の高さ）の二点で優れているといえる。つまり、フローテーション資料などに比べると、腐敗・分解によるバイアスがなく、さらには埋没後もしくは検出時の資料の劣化・破損による同定不可能資料の増加というバイアスが少ない。また、コンタミネーションがないという点も優れた点であろう（表7）。

表7　種実遺存体の三相とその資料学的特性

種実	人為的選択	堆積後の変形・変質	回収時のバイアス	同定のしやすさ	形成過程の時間幅
未炭化種実	有	高	有	優	長期・反復性の累積
炭化種実	有	中	有	劣	短期・累積あり
圧痕種実	有	低	有	優	短期・一時期

圧痕種実の同定率が優れている理由は、単に破壊を受けないからというだけではない。土器粘土中にタネが入ると、粘土中の水分がタネの中を透過する過程でタネの周囲に薄い粘土膜を作る。この被膜はタネの外面組織を覆いその細かな組織構造を精確に写し取る。一〇〇分の一ミリほどのあのイネ籾《もみ》の顆粒状《かりゅうじょう》突起が圧痕で見えるのはこのような原理による。圧痕種実は空隙《くうげき》であり、未炭化・炭化種実のように内部の構造や組織をとどめない反面、このような外表面組織の再現性において、未炭化種実に劣らない優れた面をもっているのである。

検出された資料を解釈する際に重要な点は、遠藤英子氏も指摘したとおり、圧痕は「非常に短い時間を切り取るスナップショットであり、土器製作場周辺という非常に狭い場所限定のスナップショット」でもある点である（遠藤二〇一二）。つまり、堆積層や廃棄場などの自然の営力や人間の行為などの遺物形成のイベントが累積的に行われ蓄積される場所から発見されるタネとはその性質が異なっており、逆に圧痕でない場合、個別のイベントを分離することは困難な場合が多い。

圧痕として残りやすいもの

「レプリカデータ（筆者注・種実圧痕）には、フローテーション法を用いた住居内のサンプリングと同じように、栽培種実への集中が看取される」と指摘されている（遠藤二〇一二）。同様の感触は筆者らの調査を含む、炭化種実や未炭化種実が検出された以下の遺跡における圧痕調査でも確認している。

王子山《おうじやま》遺跡（宮崎県都城《みやこのじょう》市・縄文時代草創期）
目切《めきり》遺跡（長野県岡谷《おかや》市・縄文時代中期末〜後期初頭）
内野々《うちのの》遺跡（宮崎県児湯《こゆ》郡都農《つの》町・縄文時代後期前葉〜中葉）
東三洞《トンサムドン》貝塚（大韓民国釜山市影島《ヨンド》区・新石器時代早期〜晩期）
飛鳳里《ビボンリ》遺跡（大韓民国慶尚南道《キョンサンナムド》昌寧《チャンニョン》郡釜谷《ブゴク》面・新石器時代前期）

ただし、この場合でも、圧痕種実と炭化種実にも若干の違いがある。むしろ共通する傾向として、遺跡土壌（湿地性・乾地性堆積物）のフローテーション資料には周辺環境にあった多種の植物のタネが多数含まれるのに対し、圧痕資料には大型のタネを除く、種類の限られた人為的な有用（利用）植物（栽培植物を含む）のタネが少量入る場合が多い。これは、土器胎土《たいど》中へのタネの混入が恣意的であれ偶然であれ、圧痕資料には当時の人々にとってより利用度の高かったもの、もしくはその生活域内に棲息していた、または保存されていたムシ（家屋害虫など）やタネが入りやすかったことを示している。

三内丸山遺跡での検証

この仮説が正しいのか、三内丸山《さんないまるやま》遺跡から出土した実際の資料を用いて、分析を試みた。分析に使用した試料は、未炭化種実・炭化種実の試料として、三内丸山遺跡の二〇一〇年までに実施された種実分析のうち、土器圧痕調査対象と同じ時期の縄文時代前期中葉～後期初頭の分析結果を選定し、それぞれを三つの時期（前期・中期・中期末～後期）に分け、二三ユニットに分類した。圧痕資料は筆者らが二〇一一、二〇一二年にかけて実施した五次にわたる圧痕調査の結果を比較資料として用いた。

その結果、堆積物の性質による出現率は、湿地性堆積物は一五六種（八七・六％）、乾地性堆積物は六七種（三八・八％）、圧痕は二二種（一二・四％）であり、湿地性堆積物→乾地性堆積物→圧痕の順で、種実の出現率が減少し、種類が限定されることがわかった。

また、一七二種のうち出現率がもっとも多かったのが、オニグルミである。これは湿地性・乾地性堆積物ともに一位を占めている。キハダも全体で二位、湿地性堆積物で三位、乾地性堆積物で四位と出現率は高い。それに次ぐのが、クリ、サルナシ、トチノキ、タラノキ、ミズキであり、圧痕を除くいずれにおいても五割以上の出現率である。これらは出土量も多い傾向がある。これに対し、圧痕種実はニワトコ属種子を一位とし、イヌビエ、ヌスビトハギ、ウルシ属、ブドウ属、アズキ型、ミゾソバ、ササ属と続く。これは湿地性・乾地性堆積物から検出された種と若干種類を異にしている。とくにオニグルミ、クリ、トチノキなどの大型の堅果類《けんかるい》はほとんど圧痕としては入ってこない。逆にイヌビエやアズキ型、ササ属など台地上の乾燥した開けた場所に生育し、しかも食用として利用可能なものが圧痕に多い傾向がある。

まとめると、イネ科穎果《えいか》・堅果類は乾地性堆積物からの出現率が高く、醬果《しょうか》・果肉性種子は湿地性堆積物からの出現率が高い傾向がある。圧痕は利用種を中心としており、検出源の違いを越えて出現している。湿地性堆積物・乾地性堆積物・圧痕の三相に共通するのは、わずか九種（五％）である。これは不明Eを除き、すべて食用・有用植物であった（表8）。これらを見ると、圧痕→乾地性堆積物→湿地性堆積物の順で生活ゴミが含まれる割合が減少し、周辺環境の植物遺体が増加する傾向が読み取れる。

圧痕で優先する栽培・有用種

三内丸山遺跡で検出された種実のうち、クリ、ヒョウタン、マメ科（アズキ型）、ヒエが栽培種と考えられる。このほか、ウルシ属の他、アワ、アサ、シソ属も栽培種の可能性が指摘されている。圧痕としてのみ検出された、ササも食料となったであろう。また、ヤマボウシは樹木果実であり、食用として利用された可能性が高い。

表8　試料の性質による種実の種類と共通種の割合

試料性質	出現数（率）	共通する種
三者共通	9（5.06%）	ウルシ属・オニグルミ・キイチゴ属・キク科・ニワトコ属・ブドウ属・ササゲ属アズキ型・不明Eなど
湿地性・乾地性共通	44（24.72%）	キハダ・クリ・クワ属・コナラ（亜）属・サクラ属・サルナシ・サンショウ・タラノキ・トチノキ・ナス属・ヒメコウゾ・ブナ科・マタタビ（属）など
湿地性・圧痕共通	4（2.25%）	スゲ属・タデ科・ミゾソバ・ヤナギタデ
乾地性・圧痕共通	3（1.69%）	イヌビエ・ヒエ属・不明D
湿地性堆積物のみ	99（55.62%）	アサ・ウド・ウリ科・キカラスウリ・ガマズミ属・クマヤナギ（属）・コシアブラ・ヒシ（属）・ヒョウタン・ブナ属・ヤマグワ・ヤマブドウなど
乾地性堆積物のみ	13（7.30%）	カヤ・アワ・イヌタデ・イバラモ属・エノキグサ・サナエタデ近似種・タニソバ（近似種）・ツユクサ・ネバリタデ近似種・ミヤマキケマン近似種・ヤブタビラコ属など
圧痕のみ	6（3.37%）	ササ属・ヌスビトハギ属・ヤマボウシ・不明Bなど

以上の情報をもとに、三内丸山遺跡の種実を栽培種、有用植物（食用・薬用・材用・その他）、野生植物の三種に分類して、その出現頻度を比較してみた（図39）。しかし、三内丸山遺跡の湿地性堆積物には台地上で発生した生活残《ざん》滓《し》（ゴミ）が廃棄されており、それらが高い比率で出現するため三相間の違いは明確ではない。ただし、分析の結果、圧痕資料は湿地性堆積物や乾地性堆積物中の植物種実に比べ、栽培種の比率が高い傾向がでている。これは湿地性堆積物→乾地性堆積物→圧痕と出現種の種類数が少なくなることを考

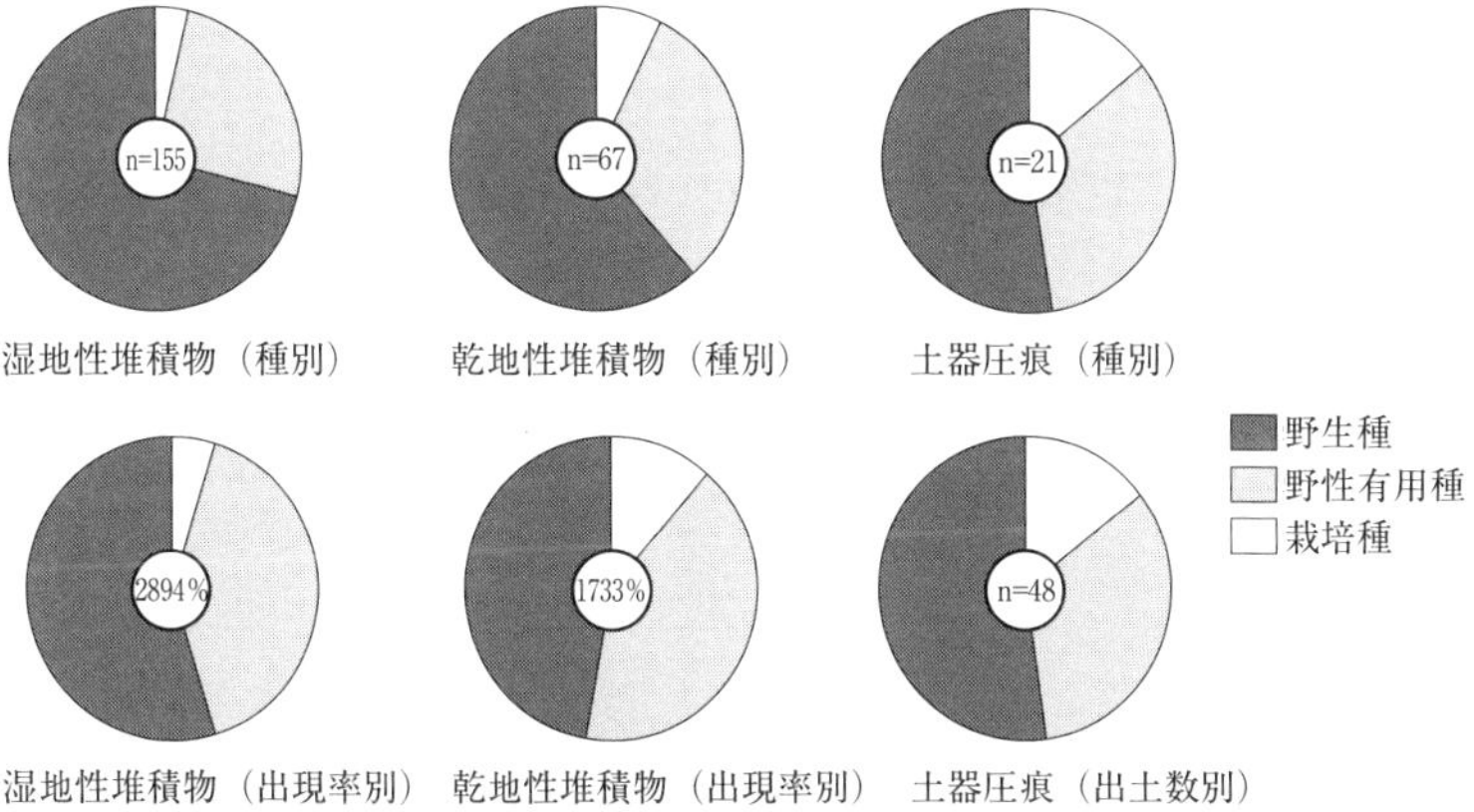

図39　三内丸山遺跡における出土相別の出土種と種実属性の比率

えると、圧痕は一種類ごとの出現数が多く、それも人為的な行為によって選択された種実が入りやすいことを意味している。

本分析では、意図的混入がなくても、利用されたり栽培されたりする、しかも台地上で利用されたり保存されたりするものが、圧痕として残されやすいという、至極当然な結論となった。しかし、この点は圧痕の成因を考える上できわめて重要である。

東名遺跡の圧痕が語るもの

圧痕種実に栽培種が多いという特殊性は、三内丸山遺跡では明確な差ではなく、傾向として把握できたが、先に引用した韓国の飛鳳里遺跡では、圧痕種実は未炭化種実や炭化種実とは全く異なる組成を示した。飛鳳里遺跡では、低湿地から出土した種実は、貯蔵穴に貯蔵されていた多量のコナラ属種子と周辺に繁茂していたと思われる雑草種子が主体を占めたのに対し、圧痕で種が明らかになったのは、アワ、キビ、アズキであり、すべて畑作物であった。圧痕調査をしなければ、本遺跡は単にドングリを軸とした植物採集や狩猟を生業とす

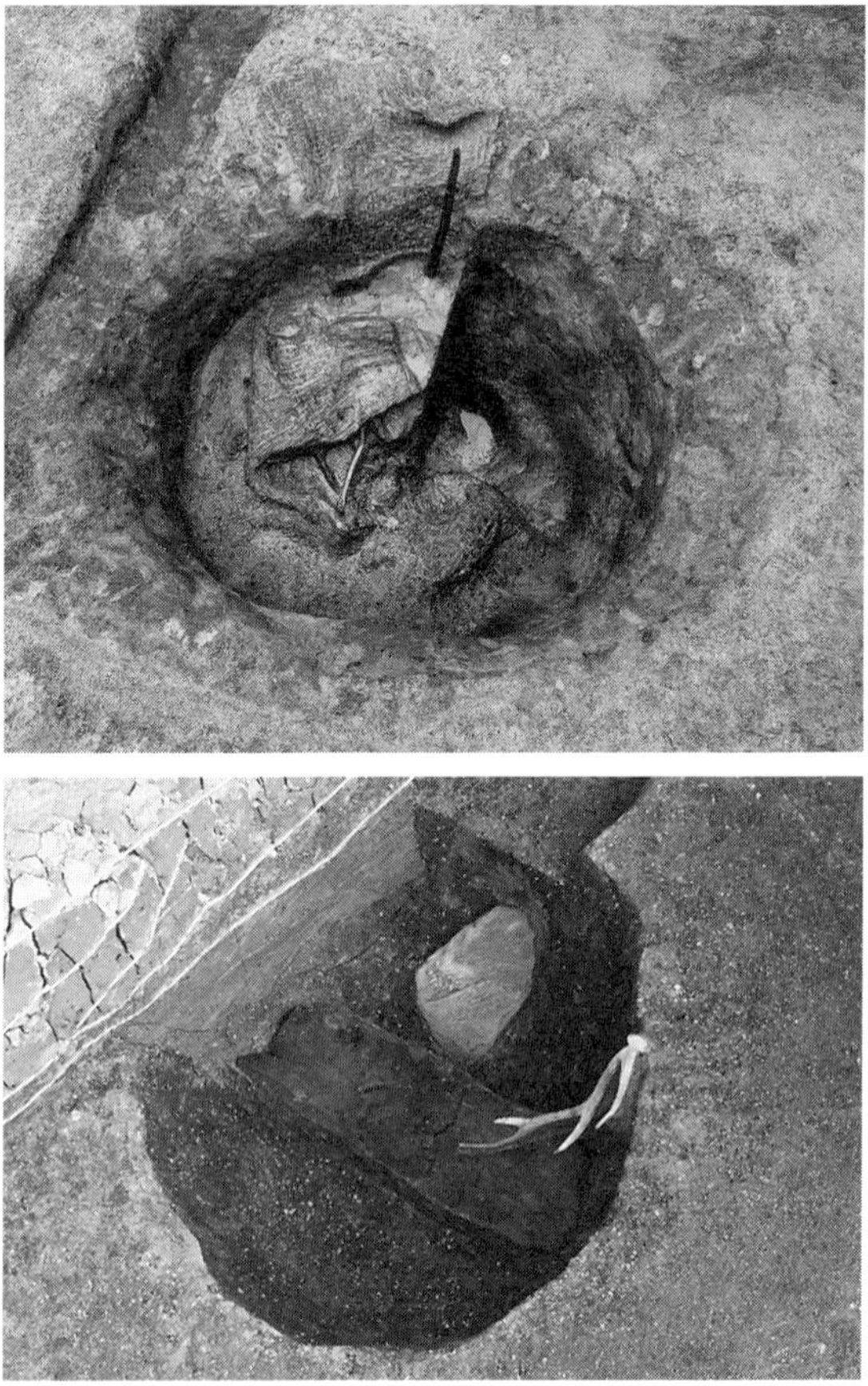

図40　東名遺跡の低湿地性開口型貯蔵穴と内容物（佐賀市教育委員会提供）

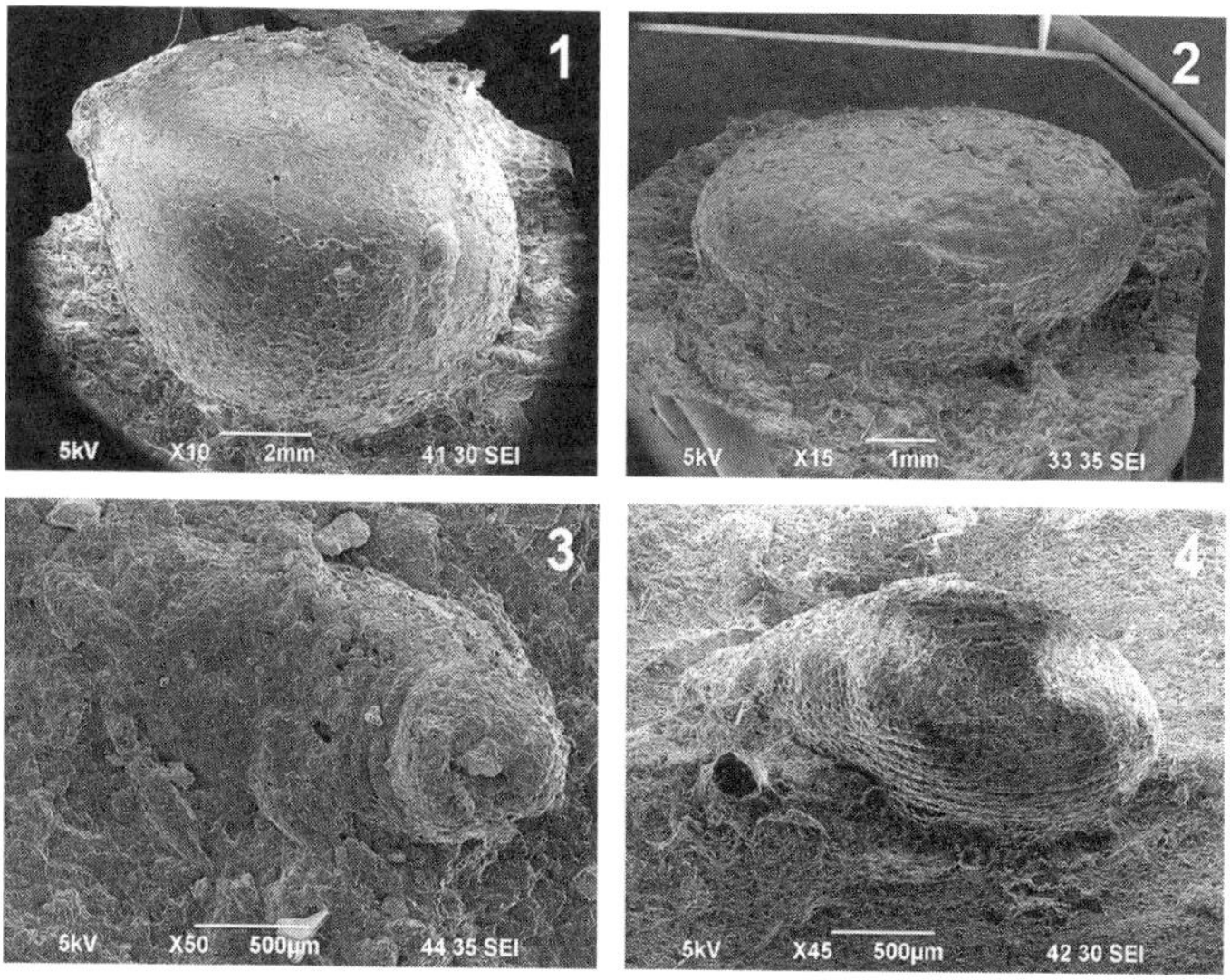

図41　東名遺跡検出の特徴的な土器圧痕種実・昆虫
1ツブラジイ，2ダイズ属種子，3コクゾウムシ，4デオキスイムシ属

る遺跡であると、遺跡本来の性格を間違って評価してしまうところであった。

　同様なことは、佐賀県佐賀市にある東名《ひがしみよう》遺跡でも経験した。東名遺跡は今からおよそ八〇〇〇～七三〇〇年前の貝塚をともなう縄文時代早期の遺跡である。一〇〇〇点以上もの編組製品とそれらに入った堅果類や木製品が保存された一五〇基あまりの低湿地型の貯蔵穴、多量の土器や石器、精巧な装飾文様をもつ鹿角製品とともに、貝塚や低湿地堆積物に保存された各種動物や魚の骨、貝、そして植物種実などの豊富な自然遺物が検出された（図40）。集落、貝塚、墓地、貯蔵穴がセットで検出され、しかもそのほとんどが国内最古級であるという、国内でも稀有《けう》な遺跡として高い歴史的評価を受けている遺跡である。

この遺跡から出土した土器約五万点（約一トン）を調査したところ、堅果類の圧痕とともに、ツルマメとコクゾウムシの圧痕を検出した（図41）。わずか数点の小さな圧痕ではあるが、その意味するところは大である。ツルマメは、東名遺跡の縄文人たちが、本遺跡の低湿地貯蔵穴に保存されていた主たる堅果類であるイチイガシ以外に、マメ類も採集して食していたことを示す。また、貯蔵穴を中心とした低湿地から検出された堅果類がイチイガシを中心としているのに対し、圧痕として検出された堅果類は、スダジイやツブラジイなど水浸け保存には向かないドングリが高率を占めていた。さらに、コクゾウムシは「コクゾウムシと縄文人」の章で述べたように、乾燥貯蔵食物を加害していたもので、屋内貯蔵された堅果類の存在を暗示させるものである。デオキスイムシ属の可能性のある圧痕もデオキスイムシであれば野菜くずや台所のゴミにつく家屋害虫であり、これらは定住的な集落の存在の証拠となるものである。実は、東名遺跡では竪穴住居などの住まいに関する遺構は検出されていない。しかし、イノシシやシカの歯牙《しが》の成長線の分析でも年間を通じた狩猟活動が想定されており、コクゾウムシはこの定住的集落説を補強したことになる。このように低湿地出土資料からだけでは見えない世界を土器圧痕は見せてくれるのである。

圧痕法のイノベーション

素人と玄人

以上見てきたように、圧痕《あっこん》は人に近い特有の種実や昆虫を含みやすいという傾向があり、その有無は遺跡の性格をも変えかねない。裏返せば、これらを探しだせるか否かが最も重要となる。圧痕の探査には、先に見たように、土器が作られる際に土器の粘土中に入れられたもしくは入ったものがすべて含まれており、その情報を遺漏なく拾いだすことが求められる。そのためには熟練が必要である。圧痕調査の経験が二年以上の調査者と初めての調査者の検出率と圧痕の質を比較した実験では、経験者が小さい種実から大きい種実までまんべんなく検出したのに対し、初心者は大きいものに偏る傾向があった。これは結果的に経験者の方が多くの種実を検出できたことを意味する。さらには、初心者は経験者に比べ偽圧痕率が高く、石抜けの穴や土器のヒビなどをタネやムシと間違って検出する傾向があることもわかった。しかし、実は、「コクゾウムシと縄文人」の章で紹介したコクゾウムシの場合にもあったように、圧痕調査歴十数年のベテラン調査者や圧痕探しのうまい人でも肉眼では探し出せない圧痕があるのである。

圧痕には「表出圧痕」と「潜在圧痕」がある。「表出圧痕」とは、土器の内外面に圧痕が露出しているものをさすが、これには土器成形時に土器内外面や底部に外部から付着した圧痕（impression）と、土器胎土《たいど》中に練り込まれたもののうち土器表面に露出したもの（exposed cavity）の二者がある。この土器胎土中に練り込まれたもののうち土器表面に露出していないもの（unexposed cavity）を「潜在圧痕」と呼ぶ。一般的に行われている土器圧痕の調査法は、この表出圧痕を調査対象とし、これらを印象材で型取りするという方法である。この際、土器内外面に接しない破断面から検出される圧痕は、潜在圧痕が土器の破片化によって可視化できるようになったもので、本来は潜在圧痕である。

見えない圧痕を探せ

現代医学界への普及が物語るように、X線機器やX線CT機器が外面からは見えない体内の疾患部を検出するために、大きな効力を発揮している。考古学の世界でもこれらの機器は古くから使用され、最近ではとくにX線CT技術が発達し、これらを用いた研究や調査が数多く実施されるようになった。これら機器が潜在圧痕の検出に有効であることは誰しもが思いつくことである。筆者は従来の主な圧痕調査法であるレプリカ法に、これらX線CTを用いた圧痕探査と同機器および3Dマイクロスコープによる3D像復元の手法（X線CT法・3DMS法）を加え、圧痕法として再定義した（図42）。

実は、これまでもX線やX線CTを使って潜在圧痕の抽出と3D画像化は行われていた。中山誠二氏はこれら機器を用いて、山梨県酒呑場《さけのみば》遺跡のダイズ圧痕が検出された井戸尻《いどじり》式土器の把手部分からもう一点のダイズらしき圧痕を検出している（中山二〇一〇）。筆者らもX線CTによって、鹿児島県小倉前《おぐらまえ》遺跡の突帯文期壺形土器の口縁部からコクゾウムシの潜在圧痕の検出（図43）に成功した（真邉・小畑二〇一一）。しかし、X線CTスキャナーによる潜在圧痕の検出はきわめてコスト（時間と経費）がかかり、数千点から万点規模の多数の土器を調査する圧痕調査には不向きであり、実用的でないというのが実感であった。また、圧痕探査の初段階で遺物撮影用のX線装置も使用してみたが、小さな圧痕を検出することはきわめて難しく、圧痕探査にX線を用いるのも、現実的ではないと考えていた。

そのようなとき、丑野毅氏の「徹底的な悉皆《しっかい》調査を行うためにはCT、ソフテックスなどの利用が有効」という指摘（丑野二〇一三）にヒントを得て、二〇一三年七月にソフテックス株式会社の協力により、軟X線装置を使用してコクゾウムシ潜在圧痕の検出に成功

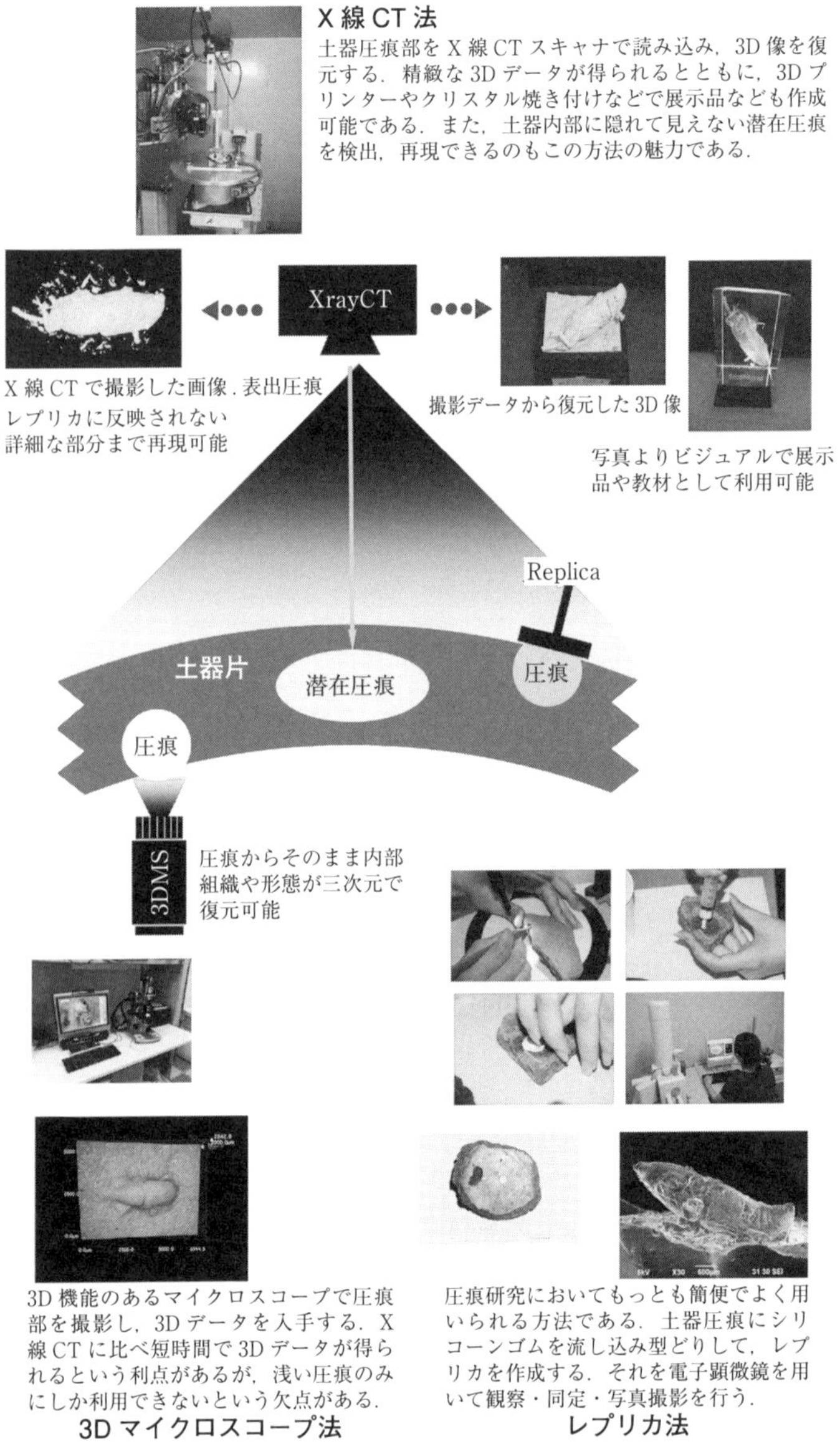
X線CT法
土器圧痕部をX線CTスキャナで読み込み，3D像を復元する．精緻な3Dデータが得られるとともに，3Dプリンターやクリスタル焼き付けなどで展示品なども作成可能である．また，土器内部に隠れて見えない潜在圧痕を検出，再現できるのもこの方法の魅力である．
XrayCT
X線CTで撮影した画像．表出圧痕レプリカに反映されない詳細な部分まで再現可能
撮影データから復元した3D像
写真よりビジュアルで展示品や教材として利用可能
Replica
土器片
潜在圧痕
圧痕
圧痕
3DMS
圧痕からそのまま内部組織や形態が三次元で復元可能
3D機能のあるマイクロスコープで圧痕部を撮影し，3Dデータを入手する．X線CTに比べ短時間で3Dデータが得られるという利点があるが，浅い圧痕のみにしか利用できないという欠点がある．
3Dマイクロスコープ法
圧痕研究においてもっとも簡便でよく用いられる方法である．土器圧痕にシリコーンゴムを流し込み型どりして，レプリカを作成する．それを電子顕微鏡を用いて観察・同定・写真撮影を行う．
レプリカ法

図42　圧痕法の概念図

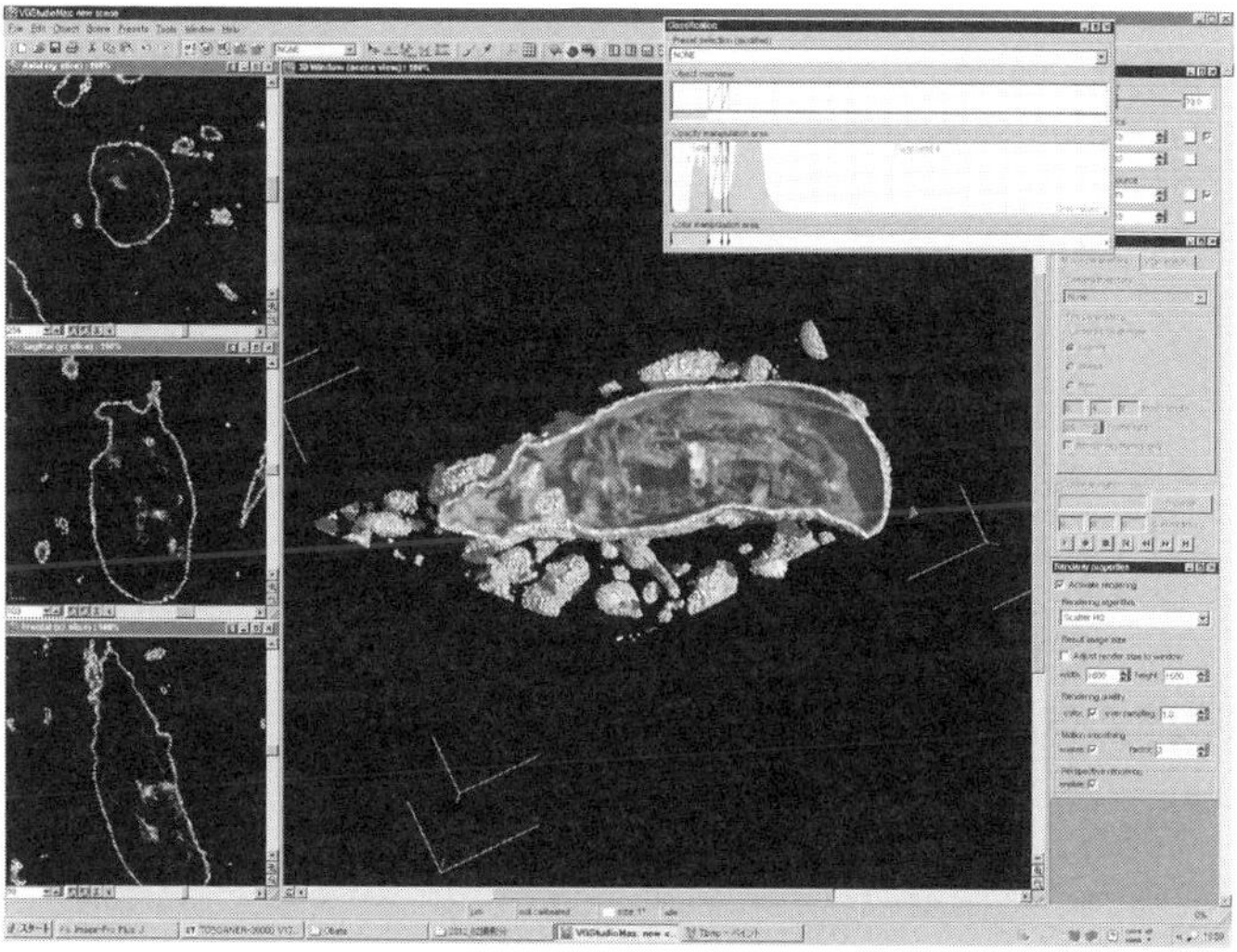

図43　X線CTスキャナーで検出した潜在圧痕コクゾウムシ（鹿児島県小倉前遺跡）

した。軟X線（ソフテックス）とは波長が比較的長く、薄い物質にも吸収されやすい透過力の弱いX線である。土器用に改造した特殊なカメラを搭載したこの軟X線撮影装置は、解像度がよいばかりでなく、画像処理機能や拡大機能もあり、同定に必要な鮮明な画像を得られ、操作性もきわめてスムースである。本機器による圧痕検出作業は、初心者が肉眼で圧痕を探すのとほぼ変わらない時間で行うことができ、潜在圧痕検出に有効であるという手ごたえを得ることができた。

圧痕検出率の大きな差

二〇一四年の春からこの軟X線装置を導入して潜在圧痕の検出作業

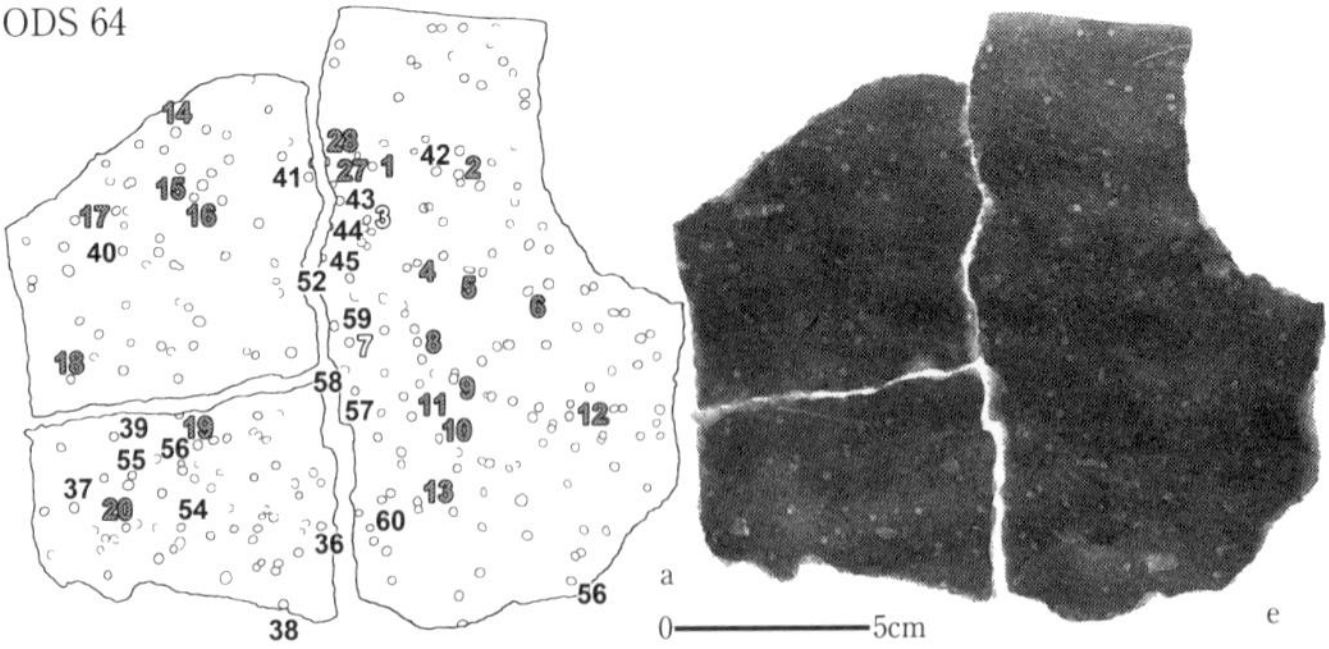

図44　富山市小竹貝塚出土のエゴマ混入土器の軟X線画像とエゴマ圧痕の位置図

を始めた。対象資料は、富山市にある小竹《おだけ》貝塚と同平岡《ひらおか》遺跡から出土した縄文時代前期後葉の土器である。小竹貝塚出土土器の場合、初期の調査でエゴマ果実が多数含まれる深鉢形土器の大型破片（ODS64）が検出されていたので、まずはそれを軟X線でのぞいてみた。この土器は別の調査者による初期調査でエゴマが三三点と報告されていたが、筆者らの肉眼による再調査で六六点（二倍）に増加したものである。これも熟練度の差かと、少しいい気になっていたが、軟X線による調査を行ったところ、五二六点（再調査の約八倍）もの圧痕がでてきた（図44）。また、平岡遺跡では、表出圧痕一六八：潜在圧痕六八点（約五：二）という、肉眼による調査から四割増しという高い数値を得ることができ、圧痕研究の定量分析においては、潜在圧痕の調査が不可欠であることを十分に実感した。また、定性分析において

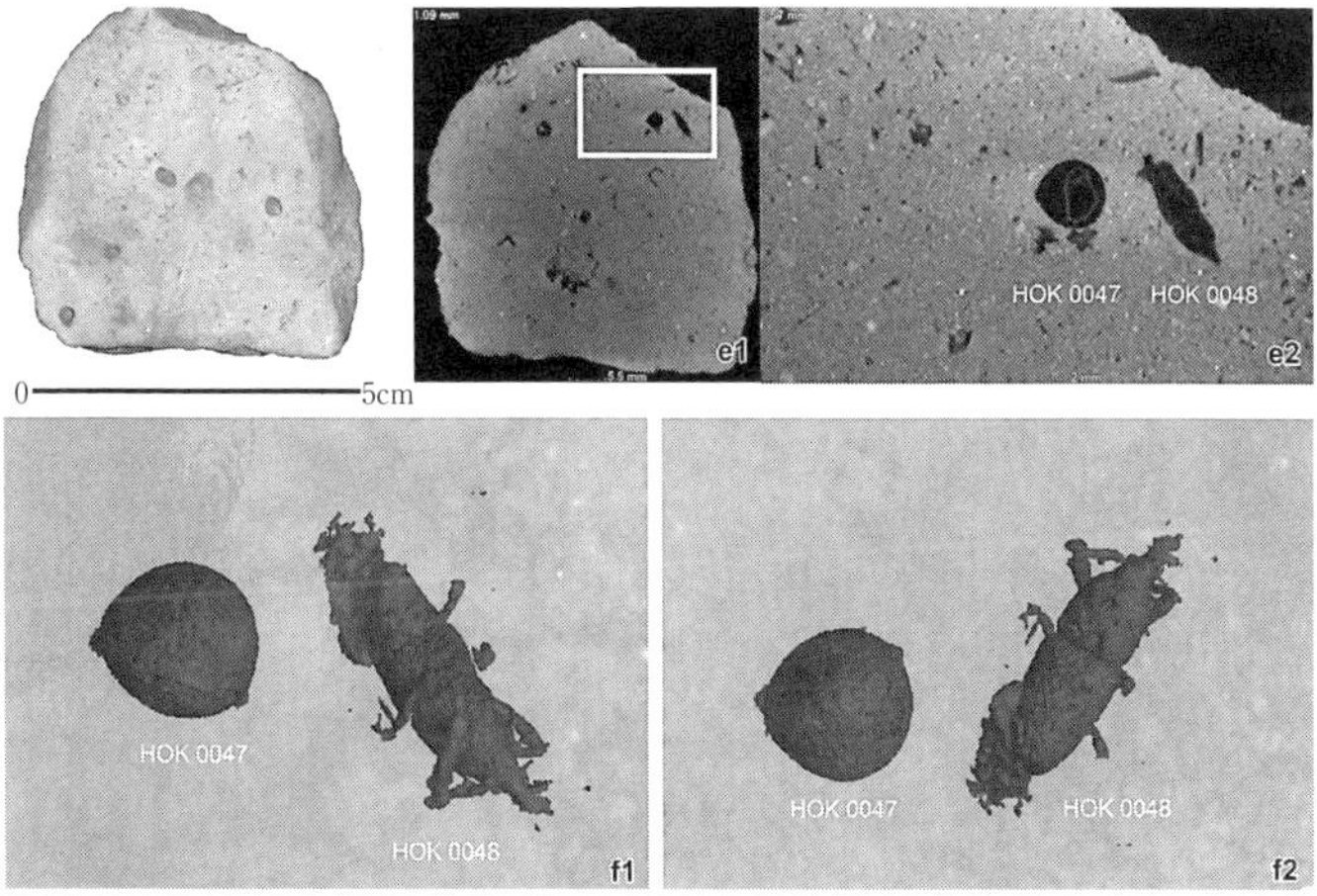

図45　富山市平岡遺跡出土土器のエゴマとコクゾウムシの潜在圧痕X線CT画像・3D画像

も、平岡遺跡の表出圧痕では、エゴマ果実（果皮）・ニワトコ核・ミズキ核・コナラ属果皮・タデ科果実・ダイズ属種子・アズキ型種子・エノコログサ有稃果《ゆうふか》など八種に対し、潜在圧痕の種類はエゴマ果実（果皮）・ニワトコ核・コクゾウムシの二種であった。種類こそ少なかったものの、軟X線による潜在圧痕調査をしなければ、コクゾウムシは検出できなかった（図45）。この事実は、定性的分析研究においても潜在圧痕の探査を行う必要性を強く示唆している。

　さらに、小竹貝塚のエゴマ入りの深鉢土器は、土器一個体に復元した場合、約一七○○点のエゴマが入ることになる。このエゴマの数は両手に軽く一杯分の量であり、このような現象は、エゴマを粘土中に混ぜ

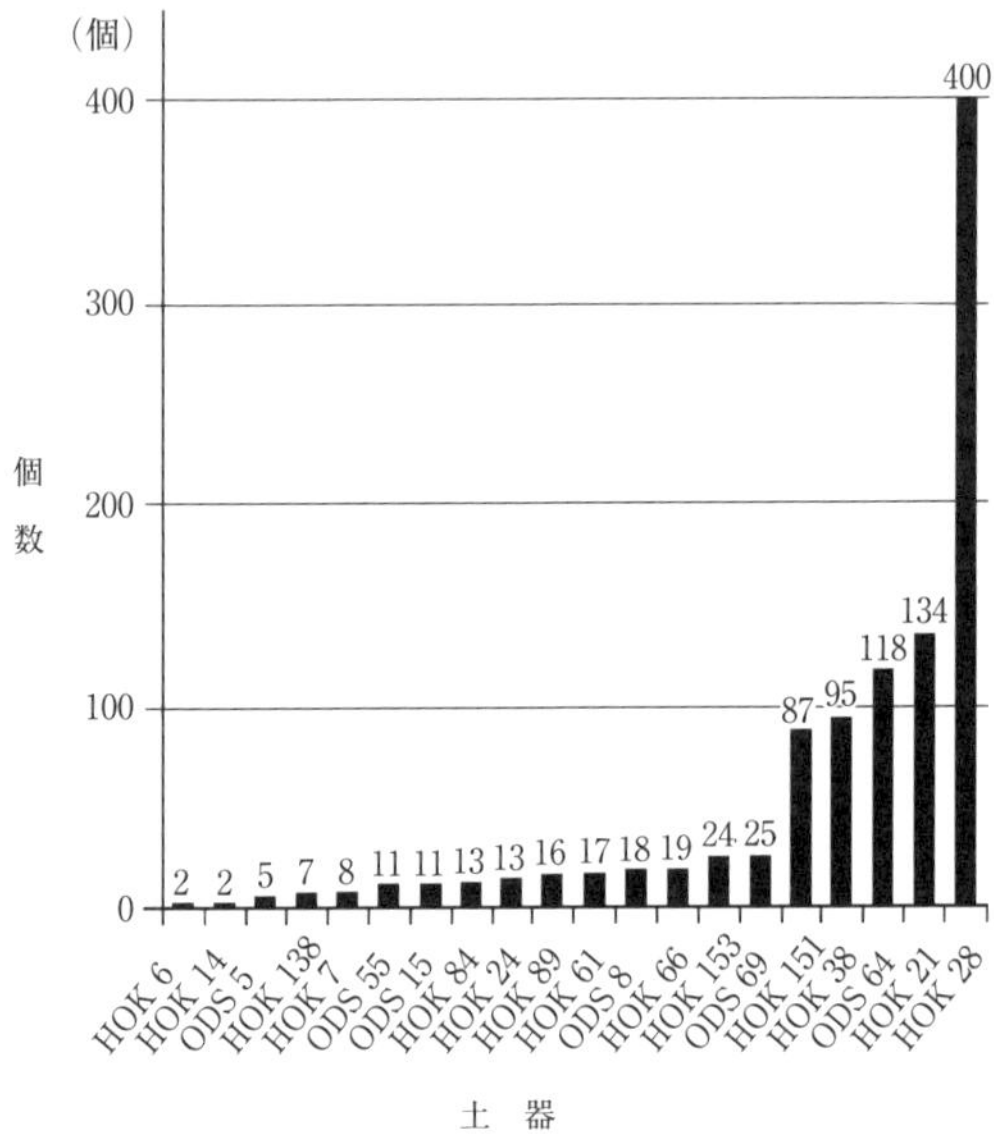

図46　小竹貝塚・平岡遺跡のエゴマ果実入り土器の単位面積当たりの復元個数グラフ

るという強い意志がなければ起こり得ない。この場合、単位面積（一〇〇平方センチ）に換算すると一一八点となり、エゴマやアワなどの小型種実の場合の意図的混入の基準値八〇点を大きく超えている。この八〇点という基準値は、平岡遺跡と小竹貝塚のエゴマが二個以上入った土器片から求めた単位面積当たりの個数の偏りから導き出したもので、二五点以下のグループと八七点以上のグループとの間に隔絶した復元数の差があったのを根拠としている（図46）。また、八〇点以上の土器のグループの胎土中にはエゴマ果実がほとんどで、果皮も認められるのに対し、二五点以下のグループの場合、果皮がほとんどない反面、枝やその他の種の種実が入るなど、混入物の質も両者で異なる点がこの裏づけとなった。同様の種実混入例は、時代と地域こそ異なるが、沖縄県名護市の溝原《みぞばる》貝塚出土のアワを混入したグスク土器でも検証できた。この場合は、単位面積当たりの復元個数は一〇三点であった。

土器作り場とタネ圧痕

これまでの研究を見てみると、種実圧痕ができる原因については、偶然説と非偶然説の二者がある。偶然説としては、圧痕法を初めて体系的に叙述したM・レンフリューによって以下のように紹介された。「粘土はしばしば屋内炉のそばで成形され、炉は調理用にも用いられた。したがって、迷った穀物が食事の準備中にこぼれ落ち、湿った粘土に入り込み、それゆえ容器の器壁中に埋め込まれた」(Renfrew 1973)。これは一般的に許容される種実混入のプロセスではあるが、このような屋内での土器作りに関しては、これまでの土器研究においてはあまり注目されてこなかった。屋内環境で土器作りが行われたことは、混入した種実以外に、コクゾウムシなどの家屋害虫の混入状況からも想定される（「コクゾウムシと縄文人」の章を参照）。さらに、最近では竪穴住居址内から生粘土や砂などの原材料が発見されることからも立証されている（櫛原二〇一四）。

竪穴住居内で土器が製作されたとすれば、家屋害虫も含め、圧痕として検出されたネズミの糞やガの糞などの存在、そして食料としてもち込まれた様々な種実の存在から、屋内は、生活ゴミが散らばったあまりきれいとはいえない環境を想像させる。「定住革命」を提唱した西田正規氏は、定住生活を送ると家屋内の清掃が行われるようになると述べているが、圧痕資料から見れば、縄文時代の人々はこのようなゴミに対して意外と無頓着であったのかもしれない。このような場合、土器圧痕として入るタネやムシは、無意識に土器粘土中に入ったか、製作者がその存在を知っていても無頓着でそのまま粘土中に練り込まれたものと考えられる。これは、先に示したエゴマの場合の単位面積当たりの個数が二五個以下のグループの成因に相当する。

種実の意図的混入の意味

では、エゴマの場合の単位面積当たり八〇個以上入ったグループの成因、つまり、意図的混入（非偶然）の形成理由は何であろうか。多量の果実混入を見て、通常私たちがすぐに想起するのが、土器胎土に入る混和材としての意味である。しかし、アフリカの土器作りの民族事例の研究成果から見ると、混和材の種類と混和の意図はかなり複雑なようである（Gosselain 1999、Gosselain and Smith 2005）。

アフリカの土器作りの民族事例では、混和材として用いられるのは、通常乾燥した粘土原料のみであるが、何かを入れる場合は、ホコリや灰や糞まであありとあらゆるものが使用されている。混和材を入れる理由としては、技術的必要性による場合もまったくないわけではないが、意外にも、単なる伝統であったり、調理などと同じ方法や同じ道具（ボウルや石皿）を使用するマナーによるものであったり、象徴的な理由などで行われる場合があるという（Gosselain and Smith 2005）。技術的な必要性の場合、穀物の頴《えい》（籾殻《もみがら》）などを入れる理由としては、「粘度」「可塑《かそ》性」「強度」などを求めるためであるという。興味深いのは、この場合、器種による混入の有無、土器の部位による異なる粘土・混和材の使い分けがあり、籾殻は頸部《けいぶ》などに使用されるという。

エゴマ果実混入土器の場合、特定部位に入らないこと、他の土器にはエゴマ混入が一般的ではないこと、油分を多く含むエゴマは土器焼成時に破裂する危険もあることから、多量に入れることで土器を毀損《きそん》する可能性が高く、混和材であった可能性は低い。同じく多量に土器に混入されるアズキ属やダイズ属の種子なども焼成の際に土器毀損の危険性を増加させるので、イネやアワ・キビなどの穀物粒（有稃果状態）も含めて、種実を入れる行為には技術的な効果は望めない。よって、多量に入る種実は非実用的な意味合いで混入されたと考えるべきである。

栽培植物への特別な想い

非実用的目的として想定されるものに、「祭祀」的行為がある。「祭祀」的行為と評価されるものとして、エルテベレ土器の装飾土器に穀物圧痕が用いられた例（Christopher 1996）やグアムの遺跡からも「祭祀」目的と評価されるイネの混入事例が報告されている（Rosalind et al. 1995）。このような土器の圧痕の産状は不明であるが、その他の日常土器に穀物が混入されないこと、交換材という非日常的な特別な食料（穀物）が混入されている点などは、特別な意味を込めて意図的に混入した証拠としてよいであろう。また、先の酒呑場遺跡の井戸尻式土器の把手部から検出された二点のダイズ圧痕は、把手という脆弱な部分にあるため、意図的に混入されたと想定されている（中山二〇一〇）。これも、特別な意味合いを込めて意図的に混入した証拠と評価できる。

しかし、小竹貝塚や平岡遺跡のエゴマ混入土器は上記のような事例とは共通しない。エルテベレ土器のように装飾性豊かな土器ではなく、一般的な器形と装飾をもつ土器である。ただし、異常とも思える数のエゴマ果実が意図的に混入されている事実は、「特別な想い」を感じざるを得ない。

種実に託された「特別な想い」とは一体どのような想いであったのだろうか。混入された種実に共通することは、それらが当時の食料として貴重かつ重要なもの（栽培植物）と想定されるものであるという点である。この両遺跡がある北陸地方は中部地方や西関東地方などと同じく、縄文時代の前期から多量のエゴマを栽培・使用していた地域として評価でき、エゴマの炭化果実やエゴマ入りクッキー状炭化物の存在を考えると、当地ではエゴマの食料や油材としての重要性が高かったこと、それらを利用していた社会にはエゴマの豊穣に対する願いがあったと思われる。ここでは、行為に込められた「特別な想い」をエゴマに対する「豊穣」や「感謝」の意と想定しておきたい。また、これら地域では、エゴマの他に、土器粘土中にダイズ属種実を多量に混入した例が存在する。この例は、ダイズもエゴマ同様、彼らにとっては貴重な存在であったことを示唆している。

草原での農耕が語るもの――エピローグ

アウラガ遺跡の栽培穀物

二〇〇六年、新潟大学の白石典之氏のお誘いで、モンゴル、ヘンティ県デリゲルハーン郡に所在するチンギス・カンの本拠地「大オルド」といわれたアウラガ遺跡の植物遺存体の分析を行った。遺跡東隅の第八地点の方形のマウンド状の高まりから「焼飯《しょうはん》」儀礼（死んだ皇帝への供献儀礼）の跡と思われる遺構が発見され、ウマ、ウシ、ヒツジなどの家畜の骨とともに、生焼け状態のコムギ、オオムギ、キビなどの穀物が出土した。焼飯遺構からは、これ以外に、カラスムギ（?）やマメ科などの栽培種と、エノコログサ、ソバカズラ、アカザ科などの雑草が検出された。この中でもっとも多いものはコムギ、次いでオオムギ、キビであり、この三種で全体の九割を占めている（図47）。年代は一二世紀後半～一三世紀前半の時期で、この頃アウラガ

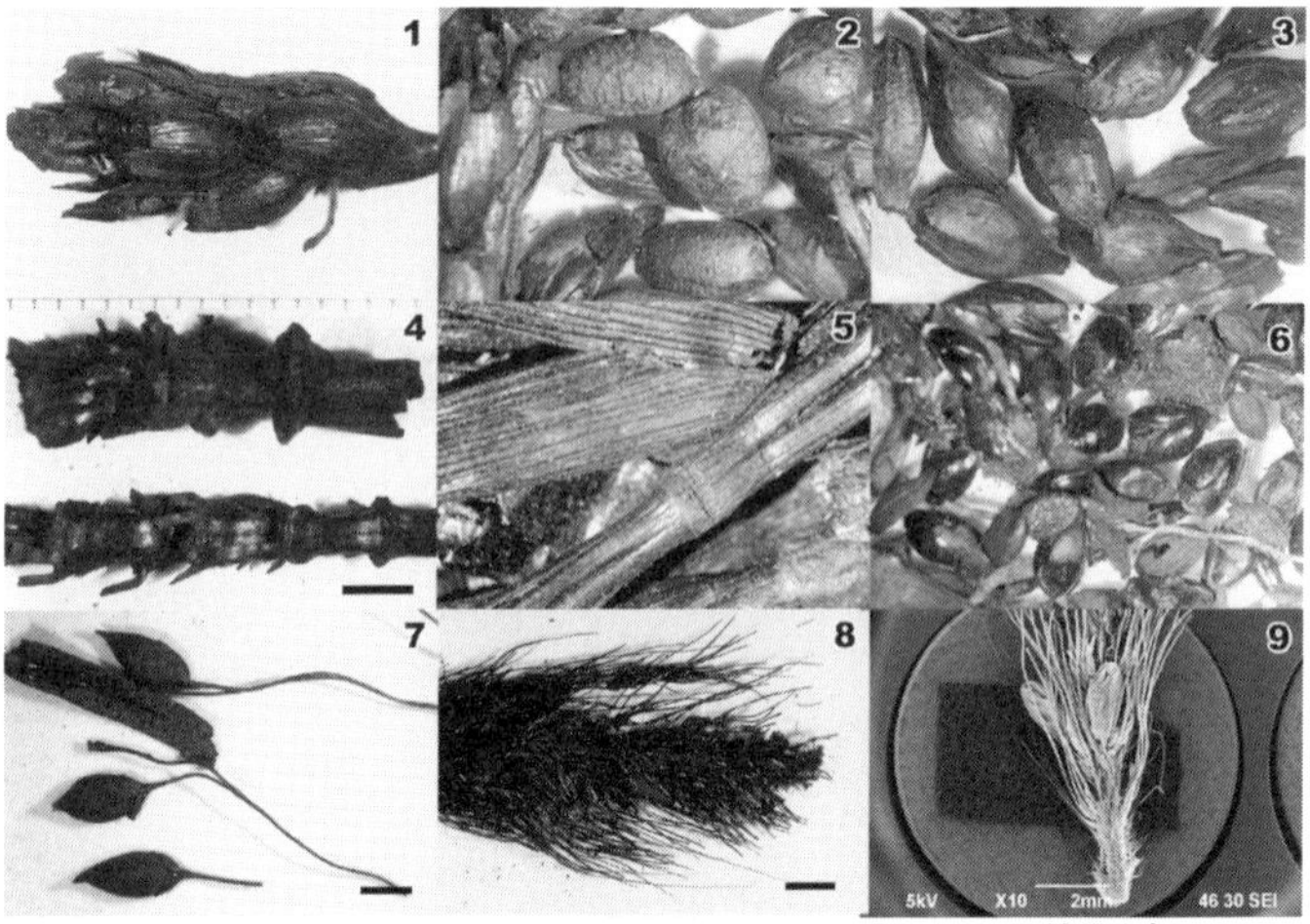

バーの長さはすべて2mm

図47　アウラガ遺跡第８地点焼飯遺構出土の炭化した穀物類
１コムギ穂，２コムギ潁果集合，３オオムギ有稃果集合，４オオムギ・コムギ穂軸，５麦類茎，６キビ有稃果集合，７キビ穂，８・９エノコログサ穂

遺跡において焼飯祭祀行為が始まったことが判明している。この焼飯遺構出土の植物遺存体は、穂・茎・葉・根付の状態であり、さらにソバカズラやエノコログサなどの畑地雑草を含むことから、貢納品や商品として精選されたものではなく、近傍にあった耕作地から収穫後直接この場にもち込まれたものと考えられる。

実は、このソバカズラやエノコログサの種子は、私を悩ませるものの一つであった。これらは食べるためにもち込まれたものなのだろうか。この疑問を解くために、二〇〇九年にカラコルムより北にあるボロノールの小麦農園を見学に行った。黄金

図48　ボロノールの麦畑でみつけたソバカズラ（上左）とエノコログサ（上右）とムギの穂を掛けたゲル（下中）

色に輝く広大な麦畑を車で走りながら、ついに、コムギの茎に絡みつくソバカズラと畑の脇に生えたエノコログサの姿をとらえた。彼らの正体は、麦類とともに一緒に刈り取られた麦類の随伴雑草であった。その時に見た、ゲルに吊り下げられたコムギの穂は、遊牧民と農耕の結びつきを象徴するショットであり、いつまでも私の記憶に印象深く刻まれている（図48）。

草原の農耕史

しかし、このような例はきわめて稀で、草原における農耕の考古学的証拠はほとんどなく、一体いつ頃から農耕が開始されたのかすら、よくわかっていない。一説には、モンゴル高原における農耕の歴史は新石器時代に始まるという。新石器時代の主要栽培作物は不明であるが、青銅器時代から初期鉄器時代や匈奴《きょうど》の頃になるとキビの実物が城塞址や墓地などから発見されているという。またアワやマメ類の証拠も見られる。コムギやオオムギなどがいつの頃からモンゴル高原において栽培され始めたかはまだはっきりしないが、キルギスの時代にはより西のエニセイ川上流域でキビとともにオオムギやコムギ、ヒマラヤ裸麦、アサなどが栽培されていたという。元朝における栽培植物も基本的にこれらを主たるものとしている（小長谷二〇一〇）。

より東方の地域である渤海《ぼっかい》や金の領域では、オオムギ、コムギ、キビに加え、ソバ、アズキやダイズ、ササゲ属などのマメ類、エゴマなどの油料、イチビなどの繊維植物などが主たる共通作物である。これらの地においても、緯度が高く寒冷で乾燥した土地柄であるため、農耕作物にはそのような気候に耐え得る種が選択されていた。これはモンゴル高原の遺跡例とも共通する点である。これらの地域に比べるとより気候が厳しく、土壌の発達が弱いモンゴル高原では、農耕経営は歴史時代を通じて不安定で断続的であったといわれる。

草原の農作物

しかし、戦国期〜後漢にかけて本地域に居住した遊牧騎馬民族・匈奴族も、「水草をおって遷徙し、城郭・常処・耕田の業なし」（『史記』「匈奴

図49　バルーン・ハイルハン第5号匈奴墓出土壺とキビ圧痕

列伝」）などの記載から農耕を行っていたとは考えられていなかったが、イヴォルガ遺跡の鉄製農具やノヨンウラ墳墓出土のキビ籾《もみ》などから示されるように、考古学的研究によって、彼らも捕虜の漢民族を使って農耕を行っていたことが明らかになっている。私も、昨年、モンゴル科学アカデミー考古学研究所に収蔵展示されていた匈奴時代の土器を調査したところ、六点の土器からキビの圧痕を検出することができた（図49）。これも考古学的証拠が文献史を書き換えた一つの発見である。時代が新しくなると、文献にも都市やその近郊における農耕のようすが記録されている。しかし、その作物の種類についてはまったくといってよいほどわかっていなかった。その意味ではアウラガ遺跡の作物資料はきわめて貴重である。

また、一三世紀の旅行記にもカラコルム周辺で野菜や雑穀の灌漑《かんがい》農耕が行われていたことが記録されていたが、ドイツ隊による最近の発掘調査によって、アウラガ遺跡と同じようなキビ、コムギ、オオムギを中心とした穀物構成が認められている（Rosch et al. 2005）。また契丹《きったん》人も農耕を盛んに行っていたことが文献記録や灌漑用水路や農耕地の痕跡として残されているが、最近のチントルゴイ城塞址などの発掘調査で、その証拠であるアワ（エノコログサ）なども少しずつではあるが発見されつつある。

このように、古代以降、この地での農耕は都市民や要衝の地に派遣された兵士の食糧をまかなうために実施されたもので、屯田制《とんでんせい》に見られるように、政治的色彩が強い。

農の限界と未来の農

ただ、草原という厳しい環境での大規模な農耕は環境破壊に結びつきやすい。モンゴル高原における農耕適地であったカラコルムの崩壊（白石二〇〇二）に見られるように、都市の疲弊は、集住による人口増加とそれを支えようと無理な耕地拡大を図った結果であり、草原の生態を無視した暴挙が招いた必然であったと考えられる。また、契丹国建国後の上京地区には渤海族や漢族など多数の農民が移住し農業を行っているが、契丹族の都市周辺の集落は人口増大により耕地も大きく、砂地の中心部にあり農耕にも適していなかったため、人口集中により環境を悪化させたことが判明している（韓二〇〇六）。

生産拡大が招く環境悪化と取り返しのつかない環境破壊を草原での農耕の歴史は教えて

くれている。私には、この繊細な草原が宇宙の青いガラス「地球」に思えてならない。

過去の農耕史を明らかにすることは、転換期にある現代の農と食の未来に何を提言できるであろうか。私は、そのキーワードは「多様化」と「限界」だと思う。生物界で生き残るために、およそ一万年前にヒトと植物の間に交わされた共生契約によって、両者は今では地球上のほとんどの地域にその領域を拡大することに成功している。そして栽培植物とヒトはますます互いへの依存度を高め続けている。しかし、その契約ももう限界にきているのではないだろうか。今後訪れる地球規模の人口増加に食糧（農業）生産は追いついていかないであろうし、それに輪をかけるように、異常気象が現在でも世界の農産物を苦しめている。コシヒカリなどの優良品種や遺伝子組み換え品種を化学薬品で改良した土で育てる農は、おそらくこれからも訪れる厳しい環境変化の波に沈んでいくことであろう。

では、本当に栽培植物とヒトは共倒れする運命にあるのだろうか。マイクロソフトの創業者ビル・ゲイツはノルウェー政府と協力し、寒冷な北欧の地に世界各地から集めたタネを保存する倉庫を建設した（現代版ノアの方舟計画）。農とタネをビジネスとする世界的企業も農業遺産としての種子保管を進めているという（浜田二〇〇九）。多様な性質の遺伝子が必要になる（お金になる）時代がくることを彼らは見抜いているのだろうか。偶然であるが、多様な作物をその限界を見極めながら作ること、それが、これまで述べたように、植物と人間の歴史が私たちに教える未来の農の姿と考える。今後は多様な環境に適応できるたくましい雑草のような性質がますます必要とされるであろう。

この植物と人間の関係史から導かれた教訓は、遺跡から出土する植物たちの正確な姿をつかむ努力、科学の目による実証的な研究の積み重ねの上に成り立っている。

考古学研究のあるべき姿

これからの考古学者の目指すべきものは、これまでの農耕史研究のように単に栽培植物のあるなし論に終始するのではなく、植物学や農学からの視点を取り入れた学際的・科学的視点から行う研究だと思う。植物そのものを考古学者が十分に理解する、これによって、共伴する遺構や他の遺物との関係がより有機的かつ説得力のあるものになることであろう。私自身は、最新の植物に関する知識と機器を駆使しながら、考古学的なモノを見る・見抜く観察眼を失わず、今後とも一つひとつ、タネやムシをより正確に同定していきたいと考えている。

あとがき

土器粘土の中に、これほど素晴らしい考古資料が眠っていることに気づかせてもらったのは、もと上司でもあった山崎純男氏である。また、圧痕《あっこん》法にのめり込むきっかけとなった、長崎県島原市大野原《おおのばる》遺跡のダイズ圧痕の発見は、当時学生であった第一代研究助手の仙波靖子氏と植物考古学の基礎を教わった株式会社パレオ・ラボの佐々木由香氏のおかげである。そして、その後の数々の発見とエキサイティングな仕事ができたのは、第二代の研究助手であった真邉彩氏の補助と、各地の文化財関係者のみなさまのご協力による。この方たちがいなければ、本書もなっていなかったであろう。

私は土器の圧痕調査を「第二の発掘」と呼んでいる。この言葉には、一旦掘り出され、報告書も出されたような資料を再度調査するという意味合いもあるが、その本質は、第二の発掘（圧痕調査）をしないと遺跡の評価を間違ってしまうという警鐘の意味が込められている。発掘であるから作業は体力と忍耐力を要する。楽なものではない。しかし、遺跡発掘と同じように、発見の喜びはひとしおである。

圧痕調査をしながら驚くことは、土器粘土中から圧痕として発見されるタネやムシたちは、土壌試料中から現れるそれらとはまったく異なる姿を見せることである。さらには、圧痕は、土器を製作した人の想いや製作技術、製作場所の環境、土器作りの季節などの様々な情報を伝えてくれる素材でもある。まさに、土器圧痕は、二一世紀の考古学が得た、新たな発掘現場、発掘対象といえる。日本全国の埋蔵文化財センターや博物館には、縄文土器に限らず、この第二の発掘を待つ宇宙の星の数にも等しい土器たちが保管されている。これを掘らない手はない。

もちろん、圧痕資料だけでは、このようなことには気づかなかった。圧痕法の潜在力に気づいたのは、何も縄文ダイズや最古のコクゾウムシを見つけたからではない。圧痕法を始める前は、遺跡の土を洗って炭化種実を探し出すという手法で研究をやっていた。このフローテーション法での経験があったからこそ、圧痕法との違いに驚き、比較することで、圧痕法の資料学上の立場がよく見えてきたのである。この土を洗う方法と穀物の形態や植物学の方法論を教えてくださったのが、吉崎昌一先生と椿坂恭代・山田悟郎両氏である。アワもキビもヒエもわからない私に、様々なことをお教えてくださった。心より感謝している。

大学に身を置いてから、しばらくしてこの古民族植物学の研究を始めた。構内遺跡ではじめてセンダンの実をだしてから、もう一七年ほどが過ぎたであろうか。この間、周囲にいた仲間や諸先生たちの協力や励ましは十分に筆者の研究の支えとなった。しかし人的パワーもさることながら、日本学術振興会からの科学研究費の存在は大きい。これらがなければ、今の研究の成果はない。ありがたいことである。貴重な国民の税金を使う以上、研究する者が頑張らねばと、私事を二の次にして、休みなく研究に日々を過ごしてきた。その意味では、今も家族には迷惑のかけ通しである。このことにも感謝したい。

子どもの頃、天文学や生物学が好きだった私は、顕微鏡やX線機器を用いてタネやムシの圧痕を探すことが大好きであるが、いざ報告の段になると、考古学における叙述法と自然科学系の叙述法の違いに戸惑うことが多々ある。考古学の「型式」は生物学の「種」から出た概念であるが、その扱い方の厳しさや証明法は両分野で全く異なる。また、考古学は「数」や「量」を表現するのが苦手である。考古学の論文の中には、数量的根拠を何も示さず、感覚的表現や文学的表現で論破しようとする強引なものがあるのも確かである。「考古学（Archaeology）から考古分量学（Archaeometry）へ」、考古学も変わらねばならない。とくに、タネやムシを研究素材とし、植物学や昆虫学との狭間にいる立場としては、より科学的な客観性のある叙述をするよう、自らを戒め、努力していきたい。ただし、狭間であるが故に、独自の方法論や語りの手法も必要であろう。我々はタネやムシそのものを研究しているのではない。それらは植物学や昆虫学の専門家の方々に任せればよい。私たちの目指すものは、タネやムシの背後にいる「ヒト」を描き出すことである。考古学はまさに「人（ヒト）学」なのである。

土器の粘土の中をのぞくようになって不思議だなと思うことがまだたくさんある。私は土器表面から見えないタネやムシの圧痕を「潜在圧痕」と呼んでいるが、この言葉には、圧痕がただ隠れているという意味合い以上の、まさに考古学研究上の限りない可能性・潜在力をもった資料という、大きな期待も込められている。土器の中に残るタネやムシたち、これらを丹念に探し出し、資料化していく。この地道な作業を行い続けることで、考古学研究のさらなる展開と発展が実現されるものと確信している。

「見ようとしなければ何も見えない」。恥ずかしい話であるが、資料学の奥深さと面白さをこの歳になって初めて知った。

日頃の研究成果を、学術書ではなく、広く歴史好きな一般の方の目に触れるような書物として出版できることは、筆者にとって望外の喜びである。ご期待に応えられたかははなはだ不安であるが、このような機会を与えてくださった吉川弘文館、執筆過程でお世話になった同編集部石津輝真・大熊啓太両氏に心より感謝申し上げます。

最後ではありますが、日頃からお世話になっている方々に心より感謝の言葉を申し上げ、擱筆としたい。

なお、本書の内容は、筆者がこれまで受けてきた日本学術振興会平成二十四〜二十七年度科学研究費補助金基盤研究Ａ「先端技術を用いた東アジアにおける農耕伝播と受容過程の学際的研究」の成果の一部をもとにしている。

平成二十七年七月七日

小　畑　弘　己

参考文献

会田進・中沢道彦・那須浩郎・佐々木由香・山田武文・輿石甫　二〇一二「長野県岡谷市目切遺跡出土炭化種実とレプリカ法による土器種実圧痕の研究」『資源環境と人類』二
安在皓　二〇〇四「韓国農耕社会の成立」『東アジアにおける農耕社会の形成と文明への道』国立歴史民俗博物館研究報告一一九
安藤広道　二〇〇九「弥生農耕の特質」『弥生時代の考古学五　食糧の獲得と生産』同成社
石川日出志　二〇一〇『シリーズ日本古代史一　農耕社会の成立』岩波書店
今村啓爾　一九八七「群集貯蔵穴と打製石斧」『考古学と民族誌』渡辺仁教授古希記念論文集刊行会
今村啓爾　一九九九『縄文時代の実像を求めて』吉川弘文館
今村峯雄編　二〇〇四『縄文時代・弥生時代の高精度年代体系の構築』平成十三〜十五年度文部科学省科学研究費補助金基盤研究A―1（課題番号：13308009）研究成果報告書、国立歴史民俗博物館
上山春平　一九六九『照葉樹林文化―日本の文化の深層―』中央公論社
上山春平・佐々木高明・中尾佐助　一九七六『続照葉樹林文化―東アジア文化の源流―』中央公論社
丑野毅　一九九四「土器の中に残されている圧痕」『東京大学総合研究資料館ニュース』三〇
丑野毅　二〇一三「レプリカ法の理論と実践について」『シンポジウム予稿集　レプリカ法の開発は何を明らかにしたのか―日本列島における農耕伝播と受容の研究への実践―』明治大学日本先史文化

研究所
丑野毅・田川裕美　一九九一「レプリカ法による土器圧痕の観察」『考古学と自然科学』二四
梅谷献二　一九八七『マメゾウムシの生物学』築地書館
遠藤英子　二〇一二「土器圧痕の形成過程とタフォノミー」『日本植生史学会第二七回大会講演要旨集』日本植生史学会
遠藤英子　二〇一四「種実由来土器圧痕の解釈について」『考古学研究』六〇―四
大阪市立自然史博物館　一九九六『第二三回特別展　昆虫の化石―虫の四億年と人類―』
岡田憲一・河仁秀　二〇一〇「韓半島南部終末期櫛文土器と縄文土器の年代的併行関係―韓国・東三洞貝塚出土の縄文土器を中心に―」『古文化談叢』六五
小畑弘己　二〇〇八「古民族植物学からみた縄文時代の栽培植物とその起源」『極東先史古代の穀物三』日本学術振興会平成十六～十九年度科学研究費補助金（基盤研究B―2）（課題番号16320110）「雑穀資料からみた極東地域における農耕受容と拡散過程の実証的研究」研究成果報告書、熊本大学
小畑弘己　二〇〇九「日本先史時代のマメ類と栽培化」『ユーラシア農耕史四　さまざまな栽培植物と農耕文化』臨川書店
小畑弘己　二〇一〇a「遊牧民族と農耕」『チンギス・カンの戒め―モンゴル草原と地球環境問題―』同成社
小畑弘己　二〇一〇b「縄文時代におけるアズキ・ダイズの栽培について」『考古学・先史学論究』V、

龍田考古会
小畑弘己　二〇一一『東北アジア古民族植物学と縄文農耕』同成社
小畑弘己　二〇一二「東アジアの新石器時代からみた縄文時代の植物利用―最近の古民族植物学の成果と問題点―」『長野県考古学会五〇周年記念プレシンポジウム予稿集　縄文時代中期の植物利用を探る』長野県考古学会縄文中期部会
小畑弘己　二〇一三a「土器圧痕・生体化石資料の比較検討による縄文集落における植物性食料の貯蔵形態と家屋害虫の実証的研究」『特別史跡三内丸山遺跡年報』一六
小畑弘己　二〇一三b「ヨーロッパ・地中海地域における昆虫考古学研究―圧痕家屋害虫学の提唱（その一）―」『先史学・考古学研究と地域・社会・文化論』高橋信武退職記念論文集編集委員会
小畑弘己　二〇一三c「土器圧痕として検出された昆虫と害虫―圧痕家屋害虫学の提唱（その二）―」『私の考古学―丹羽佑一先生退任記念論文集―』丹羽佑一先生退任記念事業会
小畑弘己　二〇一四a「種実圧痕の考古資料としての特性―圧痕は何を意味するのか？　三内丸山遺跡における検証―」『先史学・考古学論究』Ⅵ、龍田考古会
小畑弘己　二〇一四b「三内丸山遺跡からみた貯蔵食物害虫 *Sitophilus* 属の生態と進化過程の研究」『特別史跡三内丸山遺跡年報』一七
小畑弘己　二〇一五a「基調報告　植物性食料からみた東名遺跡」『東名シンポジウム記録集　東名遺跡からみえる縄文の世界―激変する環境を生きぬいた縄文人たちの足跡―』佐賀市教育委員会
小畑弘己　二〇一五b「植物考古学からみた九州縄文晩期農耕論の課題」『第二五回九州縄文研究会研

究発表要旨集』九州縄文研究会
小畑弘己　二〇一五c「対馬島の朝鮮半島系土器出土遺跡における圧痕調査」『高野晋司氏追悼論文集』高野晋司氏追悼論文集刊行会
小畑弘己・佐々木由香・仙波靖子　二〇〇七「土器圧痕からみた縄文時代後・晩期における九州のダイズ栽培」『植生史研究』一五―二
小畑弘己・真邉彩　二〇一二a「王子山遺跡のレプリカ法による土器圧痕分析」『王子山遺跡』都城市文化財調査報告書一〇七、宮崎県都城市教育委員会
小畑弘己・真邉彩　二〇一二b「昌寧飛鳳里遺跡出土土器の圧痕調査」『飛鳳里Ⅱ』国立金海博物館学術調査報告九、国立金海博物館・昌寧郡
小畑弘己・真邉彩　二〇一三「東三洞貝塚出土土器の圧痕調査報告」『東三洞貝塚浄化地域　櫛文土器』附録、福泉博物館
小畑弘己・真邉彩　二〇一四「韓国櫛目文土器文化の土器圧痕と初期農耕」『縄文時代の人と植物の関係史』国立歴史民俗博物館研究報告一八七、国立歴史民俗博物館
賀川光夫　一九六六「縄文時代の農耕」『考古学ジャーナル』一九六六―二
賀川光夫　一九七二『農耕の起源―日本文化の源流をさぐる―』講談社
櫛原功一　二〇一四「前付遺跡発見の砂貯蔵土器―縄文時代の土器製作はどこで行われたのか―」『公開シンポジウム資料集　混和を伴う縄文時代の土器作り―阿玉台式土器と土器原料―』帝京大学文化財研究所

椛畑光博　二〇〇六「東南部九州における縄文から弥生への土器変遷」『大河』八
小谷凱宣　一九七二「縄文時代晩期の植物利用の研究―上ノ原遺跡の植物性遺物について―」『民俗学研究』三六―四
後藤和民　一九八〇『縄文土器をつくる』中央公論社
小長谷有紀　二〇一〇「モンゴルにおける農業開発史―開発と保全の均衡を求めて―」『国立民族学博物館研究報告』三五―一
酒詰仲男　一九六一『日本石器時代食料総説』土曜会
佐々木高明　一九七一『稲作以前』NHK出版
佐々木高明　二〇〇七『照葉樹林文化とは何か―東アジアの森が生み出した文明―』中央公論新社
佐々木高明　二〇〇九『日本文化の多様性―稲作以前を再考する―』小学館
佐々木高明　二〇一一『改訂新版　稲作以前―教科書がふれなかった日本の農耕文化の起源―』洋泉社
佐々木由香　二〇一一a「縄文時代における植物利用と栽培」『国際シンポジウム　東アジアの植物考古学研究の現況と課題』ソウル大学校人文科学研究院文化遺産研究所・ソウル大学考古美術史学科・熊本大学文学部
佐々木由香　二〇一一b「日本列島における縄文～弥生時代の栽培植物研究」『青銅器時代の農耕を考える』韓国青銅器学会生業分科第四回ワークショップ
佐々木由香　二〇一二「縄文時代のマメ類利用の研究―三内丸山遺跡を中心にして―」『特別史跡三内丸山遺跡年報』一六

佐藤洋一郎編　二〇〇二『縄文農耕を考え直す』SCIENCE of HUMANITY BENSE 41、勉誠出版
佐野隆　二〇一五「山梨県における初期農耕導入期の生業」『シンポジウム八ヶ岳山麓における縄文時代の終末と生業変化予稿集』明治大学日本先史文化研究所
設楽博己　二〇〇九「食料生産の本格化と食料獲得技術の伝統」『弥生時代の考古学五　食料の獲得と生産』同成社
設楽博己　二〇一四『日本歴史　私の最新講義一〇　縄文社会と弥生社会』敬文社
庄田慎矢　二〇一一a「韓国出土炭化米による年代測定の試み」『AMS年代と考古学』学生社
庄田慎矢　二〇一一b「朝鮮半島からみた縄文農耕論」『日本考古学協会第七七回総会研究発表要旨』日本考古学協会
白石典之　二〇〇二『モンゴル帝国史の考古学的研究』同成社
須田英一　二〇〇九「エゴマの栽培と利用法」『縄文時代の考古学三　大地と森の中で―縄文時代の古生態系―』同成社
田中聡一　二〇〇九「櫛目文土器との関係」『弥生時代の考古学二　弥生文化誕生』同成社
辻誠一郎　二〇〇九「外来植物をめぐる諸問題」『縄文時代の考古学三　大地と森の中で―縄文時代の古生態系―』同成社
勅使河原彰　二〇〇六「縄文農耕の行方」『新尖石縄文考古館開館五周年記念考古論文集』茅野市尖石縄文考古館
寺沢薫・寺沢知子　一九八一「弥生時代植物質食料の基礎的研究―初期農耕社会研究の前提として―」

『橿原考古学研究所紀要考古学論攷五』奈良県立橿原考古学研究所
中尾佐助　一九六六『栽培植物と農耕の起源』岩波書店
中沢道彦　二〇〇五「山陰地方における縄文時代の植物質食料について—栽培植物の問題を中心に—」『第一六回中四国縄文研究会発表資料集縄文時代晩期の山陰地方』中四国縄文研究会
中沢道彦　二〇〇九「縄文農耕論をめぐって—栽培種植物種子の検証を中心に—」『弥生時代の考古学五　食料の獲得と生産』同成社
中沢道彦　二〇一二「氷I式期におけるアワ・キビ栽培に関する試論」『古代』一二八、早稲田大学考古学会
中沢道彦　二〇一四a『先史時代の初期農耕を考える—レプリカ法の実践から—』富山県観光・地域振興局
中沢道彦　二〇一四b「栽培植物利用の多様性と展開」『季刊考古学別冊二一　縄文の資源利用と社会』雄山閣出版
中村大介・百原新・孫晙鎬　二〇一一「韓半島における稲作の開始時期」『日本考古学協会第七七回総会研究発表要旨』日本考古学協会
中村直子・真邉彩・大西智和・寒川朋枝・福井俊彦・桒畑光博　二〇一三「都城市における土器圧痕調査—栽培植物の導入に関連して—」『宮崎考古』二四
中山誠二　二〇一〇『植物考古学と日本の農耕の起源』同成社
中山誠二　二〇一四「縄文時代のダイズの栽培化と種子の形態分化」『植生史研究』二三—二

中山誠二編　二〇一四『日韓における穀物農耕の起源』平成二十二―二十五年度日本学術振興会科学研究費補助研究報告書
奈良国立文化財研究所　一九九二『藤原京跡の便所遺構―右京七条一坊西北坪―』奈良県国立文化財研究所
西田正規　一九七七「栽培種子・鳥浜貝塚」『季刊どるめん』一三
西本豊弘編　二〇〇七『新弥生時代のはじまり二　縄文時代から弥生時代へ』雄山閣
浜田和幸　二〇〇九『食糧争奪戦争』学習研究社
原田豊秋　一九七一『食糧害虫の生態と防除』光琳書院
東和幸　二〇〇九「干河原段階の土器」『新東晃一代表還暦記念論文集上巻　南の縄文・地域文化論考』南九州縄文研究会新東晃一代表還暦記念論文集刊行会
比佐陽一郎・片多雅樹　二〇〇五『土器圧痕レプリカ法による転写作業の手引き』福岡市埋蔵文化財センター
広瀬和雄　二〇〇三『日本考古学の通説を疑う』洋泉社
広瀬雄一　二〇一三「西唐津式土器再論」『佐賀県立名護屋城博物館研究紀要』一九
藤尾慎一郎　二〇〇九「弥生時代の実年代」『新弥生時代のはじまり四　弥生農耕のはじまりとその年代』雄山閣出版
藤尾慎一郎　二〇一三「弥生文化の輪郭―灌漑式水田稲作は弥生文化の指標なのか―」『国立歴史民俗博物館研究報告』一七八

藤尾慎一郎　二〇一四「弥生の時間」『企画展示　弥生ってなに』国立歴史民俗博物館
藤尾慎一郎・坂本稔・東和幸　二〇一三「志布志市稲荷迫遺跡出土弥生前期突帯文土器の年代学的調査―大隅半島の弥生前期の実年代―」『縄文の森から』六
藤の台遺跡調査団　一九八〇「昆虫圧痕のみられる土器片について」『藤の台遺跡Ⅲ』藤の台遺跡調査会
藤森栄一　一九七〇『縄文農耕』学生社
古澤義久　二〇一三「韓半島の新石器時代土器と西唐津式・曽畑式土器」『第二三回九州縄文研究会沖縄大会発表要旨・資料集　曽畑式土器とその前後を考える』九州縄文研究会
保坂康夫・野代幸和・長沢宏昌・中山誠二　二〇〇八「山梨県酒呑場遺跡の縄文時代中期の栽培ダイズ *Glycine max*」『山梨県立考古博物館・山梨県埋蔵文化財センター研究紀要』二四
星川清親　一九八〇『栽培植物の起源と伝播』二宮書店
前田和美　一九八七『作物・食物文化選書九　マメと人間―その一万年の歴史―』古今書院
松谷暁子　一九九五「遺跡からのエゴマの出土に関連して」『考古学ジャーナル』三八九
真邉彩　二〇一一「原田地区遺跡群出土縄文土器の圧痕について」『原田地区遺跡群二』筑紫野市文化財調査報告書一〇五
真邉彩・小畑弘己　二〇一一「X線CTによる潜在圧痕の検出」『日本植生史学会第二六回大会講演要旨集』日本植生史学会第二六回大会実行委員会
水ノ江和同　二〇一二『九州縄文文化の研究』同成社
宮武頼夫　一九九九「昆虫遺体が語る昔の日本人の生活環境」『環境動物学・昆虫学』一〇―三

宮地聡一郎　二〇〇六「弥生文化成立に至る日韓交流史」『日韓交流史理解促進事業調査研究報告書』日韓交流史理解促進事業実行委員会
宮地聡一郎　二〇〇八a「黒色磨研土器」『総覧縄文土器』アム・プロモーション
宮地聡一郎　二〇〇八b「凸帯文系土器（九州地方）」『総覧縄文土器』アム・プロモーション
宮地聡一郎　二〇一三「縄文時代の稲をめぐって—籾圧痕研究のゆくえ—」『和田晴吾先生定年退職記念論集』立命館大学考古学論集刊行会
宮ノ下明大・小畑弘己・真邉彩・今村太郎　二〇一〇「堅果類で発育するコクゾウムシ」『家屋害虫』三二—二
宮本一夫　二〇〇三「朝鮮半島新石器時代の農耕化と縄文農耕」『古代文化』五五—七
宮本一夫　二〇〇五「園耕と縄文農耕」『韓・日新石器時代의 農耕問題』慶南文化財研究院・韓国新石器学会・九州縄文研究会
宮本一夫　二〇〇七「中国・朝鮮半島の稲作文化と弥生の始まり」広瀬和雄編『歴博フォーラム　弥生時代はどう変わるか』学生社
宮本一夫　二〇〇九『農耕の起源を探る—イネの来た道—』吉川弘文館
森勇一　一九九九「三内丸山遺跡から得られた昆虫化石群集とその意義」『考古学と自然科学』三八
森勇一　二〇〇四「昆虫考古学」『環境考古学ハンドブック』朝倉書店
森勇一　二〇〇九「遺跡産昆虫から探る人々の暮らし」『BIOSTORY』一一
森勇一　二〇一二『ムシの考古学』雄山閣

安富和男・梅谷献二　二〇〇〇『改定衛生害虫と衣食住の害虫』全国農村教育協会

山内智・浅田智晴　二〇〇八「三内丸山遺跡第六次・第三〇次調査区出土の昆虫遺存体について」『特別史跡三内丸山遺跡年報』一一

山口裕文・島本義也編　二〇〇三『栽培植物の自然史―野生植物と人類の共進化―』北海道大学図書刊行会

山崎純男　二〇〇五「西日本縄文農耕論」『韓・日新石器時代의農耕問題』慶南文化財研究院・韓国新石器学会・九州縄文研究会

山崎純男　二〇〇七「土器圧痕からみた食と生業」大手前大学史学研究所編『土器研究の新視点―縄文から弥生時代を中心とした土器生産・焼成と食・調理―』六一書房

山崎純男　二〇〇九「土器圧痕にみる栽培植物」『縄文時代の考古学三　大地と森の中で―縄文時代の古生態系―』同成社

山田悟郎　二〇〇七「北海道における栽培植物種子の出土状況」『日本考古学協会二〇〇七年度熊本大会研究発表資料集』日本考古学協会二〇〇七年度熊本大会実行委員会

山田悟郎・椿坂恭代　二〇〇九「遺跡から出土したササ属種子について」『北海道開拓記念館研究紀要』三七

山内清男　一九六七「石器時代土器底面に於ける稲籾の圧痕」『先史考古学』四

吉崎昌一　二〇〇三「先史時代の雑穀―ヒエとアズキの考古学―」『雑穀の自然史―その起源と文化を求めて―』北海道大学図書刊行会

吉崎昌一・椿坂恭代　二〇〇一「先史時代の豆類について―考古植物学の立場から―」『豆類時報』財団法人日本豆類基金協会
吉田敏治・玉村芳信・河野謙二・高橋幸一・宅万敏和・島原壽夫　一九五六「コクゾウの訪花について」『宮崎大学学芸部研究時報』一―二
吉田敏治・渡辺直・尊田望之　二〇〇一『図説貯蔵食品の害虫―実用的識別法から防除法まで―』全国農村教育協会
李相吉・李炅娥　二〇〇二「韓国における農耕遺跡調査・研究の現況」『朝鮮半島と日本の相互交流に関する総合学術調査―平成十三年度成果報告―』大阪市学芸員等共同研究実行委員会
渡辺直　一九八六「マメゾウムシ―豆が先に伝播してまっている―」『日本の昆虫―侵略と攪乱の生態学―』東海大学出版会
渡辺誠　一九七五『縄文時代の植物食』雄山閣出版

英文

Buckland P. C. 1990 “Granaries Stores and Insects -The Archaeology of Insect Synanthropy-”. *La preparation alimentaire des cereals.* Belgium.
Buckland P. C., Panagiotakopulu E. and Buckland F. I. 2004 “Fossil insects and the Neolithic: Methods and Potential”. *ANTAEUS,* 27.
Carrott J. and Kenward H. 2001 “Species association among insect remains from urban archaeological deposits and their significance in reconstructing the past human environment”. *Journal of*

Archaeological Science, 28.

Christopher T. 1996 *An Ethnograpy of The Neolithic.*

Crawford G. W. 1983 Paleoethnobotany of the Kameda Peninsula Jomon. *Anthropological Papers, 73.* Ann Arbor: Museum of Anthropology, University of Michigan.

Crawford G. W. and Lee Gyoung-Ah 2003 “Agricultural Origins in the Korean Peninsula”. *Antiquity, 77.(295).*

Crawford G. W. 2008 “The Jomon in early agriculture discourse: issues arising from Matsui, Kanehara and Pearson”. *World Archaeoligy, 40(4).*

Deborah M. P. 2000 *Paleoethnobotany (Second Edition)*, Academic Press.

Delobel B. and Grenier A.M. 1993 “Effect of non-cereal food on cereal weevils and tamarind pod weevil (COLEOPTERA: CURCULIONIDAE)”. *Journal of Stored Product Research, 29(1).*

Dena F. Dincauze 2000 *Environmental archaeology -principles and practice-*, Cambridge University Press.

Elias S. A. 2010 “The use of insect fossils in archaeology”. *Advances in quaternary entomology. Developments in Quaternary Science, 12.*

Fuller D. Q. 2007 “Contracting Patterns in Crop Domestication and Domestication Rates: Recent Archaebotanical Insights from the Old World”. *Annals of Botany, 100.*

Fuller D. Q., Hosoya L. A., Zheng Y. and Qin L. 2010 “A Contribution to the Prehistory of Domesticated Bottle Gourds in Asia: Rind Measurements from Jomon Japan and Neolithic Zhejiang, China”.

Economic Botany, 64(3).

Gosselain O. P. 1999 "In pots we trust -The Processing of Clay and Symbols In Sub-Saharan Africa". *Journal of Material Culture, 4(2).*

Gosselain O. P. and Livingstone S. A. 2005 "The Source: Clay selection and processing practices in Sub-Saharan Africa". *Pottery Manufacturing Processes: Reconstruction and Interpretation, BAP. International Series, 1349.*

Joubert P. C. 1966 "Field infestations of stored-product insects in South Africa". *Journal of Stored Product Research, 2.*

Kenward H.K., 1985 "Outdoors-indoors? The outdoor component of archaeological insect assemblages". *Palaeobiological investigations. Research Design, Methods and Data Analysis.* Edited by Filler, N.R.J., Gilberson, D.D., Ralph, N.G.A. Association for Environmental Archaeology Symposium 5B.

Klee M., Zach B. and Stika H.P. 2004 "Four thousand years of plant exploitation in the Lake Chard Basin (Nigeria), Part 3: plant impressions in potsherd from the Final Stone Age Gajiganna Culture". *Vegitation History and Archaeobotany, 13.*

Lee Gyoung-Ah 2011 "The transition from foraging to Farming in Prehistoric Korea". *Current Anthropology, 52(4).*

Margid A. A. and Krzywinski K. 1995 "The method of making positive casts of plant impressions in pottery: A field and laboratory manual". *Acta Palaeobotanica, 35(1).*

Matsui A. and Kanehara M. 2006 "The question of prehistoric plant husbandry during the Jomon Period in Japan". *World Archaeology, 38(2).*

Mills R. B. 1989 "Sitophilus zeamais Motschulsky breeding in acorns". *Journal of Kansas Entomological Society, 62.*

Obata H., Manabe A., Nakamura N., Onishi T. and Senba Y. 2011 "A New Light on the Evolution and Propagation of Prehistoric Grain Pests: The World's Oldest Maize Weevils Found in Jomon Potteries, Japan". *PLoS ONE (http://www.plosone.org)*

Panagiotakopulu E. 2000 *Archaeology and Entomology in the Eastern Mediterranean -Research into the history of insect synanthropy in Greece and Egypt. BAR International Series, 836.*

Panagiotakopulu E. 2001 "New records for ancient pests: Archaeoentomology in Egypt." *Journal of Archaeological Science, 28.*

Pearsall D.M. 2000 *Paleoethnobotany -A Handbook of Procedures -*, Academic Press.

Plarre R. 2010 "An attempt to reconstruct the natural and cultural history of the granary weevil". *Sitophilus granarius* (Coleoptera: Curculionidae). *European Journal of Entomology, 107.*

Renfrew J. M. 1973 *Paleoethnobotany: The prehistoric food plants of the Near East and Europe*, Methuen and CO LTD.

Rosalind L. Hunter-Anderson, Cillian B, Thompson and Darlene R. Moore 1995 "Rice As a Prehistoric Valuable in the Mariana Islands, Micronesia". *Asian Perspectives, 34(1).*

Rosch M., Fischer F. and Markle T. 2005 "Human diet and land use in the time of the Khans - Archaeobotanical research in the capital of the Mongolian empire, Qara Qorum, Mongolia". *Vegitation History and Archaeobotany, 14.*

Shoda S. 2010 "Radiocarbon and archaeology in Japan and Korea: What has changed because of the Yayoi dating controversy? " *Radiocarbon, 52(2/3).*

Smith D.N. 1996 "Thatch, turves and floor deposits: a survey of Coleptera in materials from abandoned Hebridean blackhouse and the implications for their visibility in the archaeological record". *Journal of Archaeological Science, 23.*

Smith D.N. 2000 "Detecting the nature of materials on farms from Coleoptera: a number of taphonomic problems". *Taphonomy and interpretation* edited by Huntley, J.P., Stallibrass, S. Oxford, Oxford Books.

Smith D.N. and Kenward H. 2011 "'Well, Sextus, what can we do with this? 'The disposal and use of insect-infested grain in Roman Britain". *Environmental Archaeology, 17(2).*

Stemler A. B. L. and Falk 1981 "SEM of archaeological plant specimens". *Scanning Electron Microscopy, 3.*

Utida. 1972 "Density dependent polymorphism in the adult of *Callosoburuchus maculatus* (Coleoptera, Bruchidae)". *J. stored Prod. Res, 8.*

Zhao Zhijun 2011 "New Archaeolbotanic Data for the Study of the Origins of Agriculture in China". *Current Anthropology, 52(4).*

Zohary D. 1969 "The progenitors of wheat and barley in relation to domestication and agricultural dispersal in the Old World". *The Domestication and Exploitation of Plants and Animals*, London.

独文

Zacher F. 1937 "Vorratsschädlinge und Varratsschutz, ihre Bedeutung für Volksernährung und Weltwirtschaft". *Zeitschrift fur hygienische Zoologie und Schädlingsbekämpfung, 29.*

韓文

孫晙鎬（손준호）・中村大介・百原新　二〇一〇「복제（replica）법을 이용한 청동기시대 토기 압흔 분석」『야외고고학』八、한국문화재조사연구기관협회

孫晙鎬（손준호）・上條信彦　二〇一一「청동기시대 갈돌・갈판의 사용흔 및 잔존 녹말 분석」『中央考古研究』九

安承模（안승모）　二〇〇八「韓半島先史・古代 遺蹟出土作物資料解題」『極東先史古代の穀物三』日本学術振興会平成十六～十九年度科学研究費補助金（基盤研究B―2）（課題番号 16320110）「雑穀資料からみた極東地域における農耕受容と拡散過程の実証的研究」研究成果報告書、熊本大学

安承模（안승모）　二〇一二「동아시아　조／기장　기원　연구의　최근　동향」『한국　신석기문화의 양상과　전개』중앙문화재연구원、편서경문화사

李炅娥（이경아）　二〇〇五「식물유체에　기조한　신석기시대　농경에　대한　관점의　재검토」『한일신석기시대의　농경문제』경남문화재　연구원／한국신석기학회／구쥬조몬연구회

李炅娥（이경아）　二〇〇七「동삼동패총　一호　주거지　출토　식물유체　분석　보고」『동삼동패총　정화지역　발굴조사　보고서』부산박물관

李炅娥（이경아） 二〇〇八「비봉리유적 출토 식물유체 약보고」『비봉리』국립김해박물관／창녕군

李炅娥（이경아） 二〇一一「신석기시대 남강유역 식물자원 이용에 대한 고찰」『영남고고학』五六호、연남고고학회

小畑弘己 二〇一三d「동삼동패총・비봉리유적 출토 기장・조 압흔의 동정과 그 기준」『韓国新石器研究』二五 한국신석기학회

小畑弘己 二〇一三e「일번 선사시대 농경화 과정」『자연과학에서 본 農耕출현』한국국립문화재연구소

河仁秀（하인수） 二〇〇一「東三洞貝塚一号住居址出土 植物遺体」『韓国新石器研究』二

河仁秀（하인수）・小畑弘己・真邉彩 二〇一一「동삼동패총 즐문토기 압흔분석과 곡물」『신석기시대패총문화』二〇一一년 한국신석기학회 학술대회 한국신석기학회・복천박물관

韓昌均・具滋振・金根完（한창균・구자진・김근완）二〇一四「대천리 신석기유적 탄화곡물의 연대와 그 의미」『韓国新石器研究』二八 한국신석기연구회

中文

韓茂莉 二〇〇六『草原与田園—遼金時期西遼河流域農牧業与環境—』三联書店

赵志军 二〇〇五「从兴隆遗迹浮先结果谈中国北方旱农业起源问题」『东亚古物』A、南京师范大学文博系

劉長江・靳桂云・孔昭宸編著 二〇〇八『植物考古—種子和果実研究—』山東大学東方考古研究書系、科学出版社

著者紹介
一九五九年、長崎県に生まれる
一九八二年、熊本大学法文学部史学科卒業
現在、熊本大学文学部歴史学科教授、博士（文学）

主要著書
『シベリア先史考古学』（中国書店、二〇〇一年）
『考古学の基礎知識』〈共著〉（角川学芸出版、二〇〇七年）
『ジュニア日本の歴史一　国のなりたち』〈共著〉（小学館、二〇一〇年）
『東北アジア古民族植物学と縄文農耕』（同成社、二〇一一年）
『昆虫考古学』（KADOKAWA、二〇一八年）

歴史文化ライブラリー
416

タネをまく縄文人
最新科学が覆す農耕の起源

二〇一六年（平成二十八）一月一日　第一刷発行
二〇一九年（平成三十一）四月一日　第六刷発行

著者　小《お》畑《ばた》弘《ひろ》己《き》
発行者　吉川道郎
発行所　株式会社　吉川弘文館
東京都文京区本郷七丁目二番八号
郵便番号一一三—〇〇三三
電話〇三—三八一三—九一五一〈代表〉
振替口座〇〇一〇〇—五—二四四
http://www.yoshikawa-k.co.jp/
印刷＝株式会社 平文社
製本＝ナショナル製本協同組合
装幀＝清水良洋・李生美

ISBN978-4-642-05816-2

歴史文化ライブラリー

1996. 10

刊行のことば

現今の日本および国際社会は、さまざまな面で大変動の時代を迎えておりますが、近づきつつある二十一世紀は人類史の到達点として、物質的な繁栄のみならず文化や自然・社会環境を謳歌できる平和な社会でなければなりません。しかしながら高度成長・技術革新にともなう急激な変貌は「自己本位な刹那主義」の風潮を生みだし、先人が築いてきた歴史や文化に学ぶ余裕もなく、いまだ明るい人類の将来が展望できていないようにも見えます。このような状況を踏まえ、よりよい二十一世紀社会を築くために、人類誕生から現在に至る「人類の遺産・教訓」としてのあらゆる分野の歴史と文化を「歴史文化ライブラリー」として刊行することといたしました。

小社は、安政四年（一八五七）の創業以来、一貫して歴史学を中心とした専門出版社として書籍を刊行しつづけてまいりました。その経験を生かし、学問成果にもとづいた本叢書を刊行し社会的要請に応えて行きたいと考えております。

現代は、マスメディアが発達した高度情報化社会といわれますが、私どもはあくまでも活字を主体とした出版こそ、ものの本質を考える基礎と信じ、本叢書をとおして社会に訴えてまいりたいと思います。これから生まれでる一冊一冊が、それぞれの読者を知的冒険の旅へと誘い、希望に満ちた人類の未来を構築する糧となれば幸いです。

吉川弘文館

歴史文化ライブラリー

考古学

タネをまく縄文人 最新科学が覆す農耕の起源 ―― 小畑弘己
農耕の起源を探る イネの来た道 ―― 宮本一夫
老人と子供の考古学 ―― 山田康弘
〈新〉弥生時代 五〇〇年早かった水田稲作 ―― 藤尾慎一郎
交流する弥生人 金印国家群の時代の生活誌 ―― 高倉洋彰
文明に抗した弥生の人びと ―― 寺前直人
樹木と暮らす古代人 木製品が語る弥生・古墳時代 ―― 樋上 昇
古 墳 ―― 土生田純之
東国から読み解く古墳時代 ―― 若狭 徹
埋葬からみた古墳時代 女性・親族・王権 ―― 清家 章
神と死者の考古学 古代のまつりと信仰 ―― 笹生 衛
土木技術の古代史 ―― 青木 敬
国分寺の誕生 古代日本の国家プロジェクト ―― 須田 勉
海底に眠る蒙古襲来 水中考古学の挑戦 ―― 池田榮史
銭の考古学 ―― 鈴木公雄

古代史

邪馬台国の滅亡 大和王権の征服戦争 ―― 若井敏明
日本語の誕生 古代の文字と表記 ―― 沖森卓也
日本国号の歴史 ―― 小林敏男
古事記のひみつ 歴史書の成立 ―― 三浦佑之
日本神話を語ろう イザナキ・イザナミの物語 ―― 中村修也
東アジアの日本書紀 歴史書の誕生 ―― 遠藤慶太
〈聖徳太子〉の誕生 ―― 大山誠一
倭国と渡来人 交錯する「内」と「外」 ―― 田中史生
大和の豪族と渡来人 葛城・蘇我氏と大伴・物部氏 ―― 加藤謙吉
白村江の真実 新羅王・金春秋の策略 ―― 中村修也
よみがえる古代山城 国際戦争と防衛ライン ―― 向井一雄
よみがえる古代の港 古地形を復元する ―― 石村 智
古代豪族と武士の誕生 ―― 森 公章
飛鳥の宮と藤原京 よみがえる古代王宮 ―― 林部 均
出雲国誕生 ―― 大橋泰夫
古代出雲 ―― 前田晴人
古代の皇位継承 天武系皇統は実在したか ―― 遠山美都男
持統女帝と皇位継承 ―― 倉本一宏
古代天皇家の婚姻戦略 ―― 荒木敏夫
壬申の乱を読み解く ―― 早川万年
家族の古代史 恋愛・結婚・子育て ―― 梅村恵子
万葉集と古代史 ―― 直木孝次郎
地方官人たちの古代史 律令国家を支えた人びと ―― 中村順昭
古代の都はどうつくられたか 中国・日本・朝鮮・渤海 ―― 吉田 歓
平城京に暮らす 天平びとの泣き笑い ―― 馬場 基

歴史文化ライブラリー

平城京の住宅事情 貴族はどこに住んだのか——近江俊秀
すべての道は平城京へ 古代国家の〈支配の道〉——市 大樹
都はなぜ移るのか 遷都の古代史——仁藤敦史
聖武天皇が造った都 難波宮・恭仁宮・紫香楽宮——小笠原好彦
天皇側近たちの奈良時代——十川陽一
悲運の遣唐僧 円載の数奇な生涯——佐伯有清
遣唐使の見た中国——古瀬奈津子
古代の女性官僚 女官の出世・結婚・引退——伊集院葉子
平安朝 女性のライフサイクル——服藤早苗
平安京のニオイ——安田政彦
平安京の災害史 都市の危機と再生——北村優季
平安京はいらなかった 古代の夢を喰らう中世——桃崎有一郎
天台仏教と平安朝文人——後藤昭雄
藤原摂関家の誕生 平安時代史の扉——米田雄介
安倍晴明 陰陽師たちの平安時代——繁田信一
平安時代の死刑 なぜ避けられたのか——戸川 点
古代の神社と神職 神をまつる人びと——加瀬直弥
時間の古代史 霊鬼の夜、秩序の昼——三宅和朗

中世史

列島を翔ける平安武士 九州・京都・東国——野口 実
源氏と坂東武士——野口 実
平氏が語る源平争乱——永井 晋
熊谷直実 中世武士の生き方——高橋 修
中世武士 畠山重忠 秩父平氏の嫡流——清水 亮
頼朝と街道 鎌倉政権の東国支配——木村茂光
大道 鎌倉時代の幹線道路——岡 陽一郎
鎌倉源氏三代記 一門・重臣と源家将軍——永井 晋
鎌倉北条氏の興亡——奥富敬之
三浦一族の中世——高橋秀樹
都市鎌倉の中世史 吾妻鏡の舞台と主役たち——秋山哲雄
源 義経——元木泰雄
弓矢と刀剣 中世合戦の実像——近藤好和
その後の東国武士団 源平合戦以後——関 幸彦
乳母の力 歴史を支えた女たち——田端泰子
荒ぶるスサノヲ、七変化 〈中世神話〉の世界——斎藤英喜
曽我物語の史実と虚構——坂井孝一
親 鸞——平松令三
親鸞と歎異抄——今井雅晴
畜生・餓鬼・地獄の中世仏教史 因果応報と悪道——生駒哲郎
神や仏に出会う時 中世びとの信仰と絆——大喜直彦
神風の武士像 蒙古合戦の真実——関 幸彦
鎌倉幕府の滅亡——細川重男

歴史文化ライブラリー

足利尊氏と直義 京の夢、鎌倉の夢——峰岸純夫
高 師直 室町新秩序の創造者——亀田俊和
新田一族の中世「武家の棟梁」への道——田中大喜
地獄を二度も見た天皇 光厳院——飯倉晴武
東国の南北朝動乱 北畠親房と国人——伊藤喜良
南朝の真実 忠臣という幻想——亀田俊和
中世の巨大地震——矢田俊文
大飢饉、室町社会を襲う！——清水克行
贈答と宴会の中世——盛本昌広
庭園の中世史 足利義政と東山山荘——飛田範夫
出雲の中世 地域と国家のはざま——佐伯徳哉
山城国一揆と戦国社会——川岡 勉
中世武士の城——齋藤慎一
戦国の城の一生 つくる・壊す・蘇る——竹井英文
武田信玄——平山 優
徳川家康と武田氏 信玄・勝頼との十四年戦争——本多隆成
戦国大名の兵粮事情——久保健一郎
戦乱の中の情報伝達 使者がつなぐ中世京都と在地——酒井紀美
戦国時代の足利将軍——山田康弘
室町将軍の御台所 日野康子・重子・富子——田端泰子
名前と権力の中世史 室町将軍の朝廷戦略——水野智之
戦国貴族の生き残り戦略——岡野友彦
鉄砲と戦国合戦——宇田川武久
検証 長篠合戦——平山 優
織田信長と戦国の村 天下統一のための近江支配——深谷幸治
よみがえる安土城——木戸雅寿
検証 本能寺の変——谷口克広
加藤清正 朝鮮侵略の実像——北島万次
落日の豊臣政権 秀吉の憂鬱、不穏な京都——河内将芳
豊臣秀頼——福田千鶴
偽りの外交使節 室町時代の日朝関係——橋本 雄
朝鮮人のみた中世日本——関 周一
ザビエルの同伴者 アンジロー 戦国時代の国際人——岸野 久
海賊たちの中世——金谷匡人
アジアのなかの戦国大名 西国の群雄と経営戦略——鹿毛敏夫
琉球王国と戦国大名 島津侵入までの半世紀——黒嶋 敏
天下統一とシルバーラッシュ 銀と戦国の流通革命——本多博之

近世史

細川忠利 ポスト戦国世代の国づくり——稲葉継陽
江戸の政権交代と武家屋敷——岩本 馨
江戸の町奉行——南 和男
江戸御留守居役 近世の外交官——笠谷和比古

歴史文化ライブラリー

検証 島原天草一揆——大橋幸泰
大名行列を解剖する 江戸の人材派遣——根岸茂夫
江戸大名の本家と分家——野口朋隆
〈甲賀忍者〉の実像——藤田和敏
江戸の武家名鑑 武鑑と出版競争——藤實久美子
江戸の出版統制 弾圧に翻弄された戯作者たち——佐藤至子
武士という身分 城下町萩の大名家臣団——森下 徹
旗本・御家人の就職事情——山本英貴
武士の奉公 本音と建前 江戸時代の出世と処世術——高野信治
宮中のシェフ、鶴をさばく 江戸時代の朝廷と庖丁道——西村慎太郎
馬と人の江戸時代——兼平賢治
犬と鷹の江戸時代 〈犬公方〉綱吉と〈鷹将軍〉吉宗——根崎光男
紀州藩主 徳川吉宗 明君伝説・宝永地震・隠密御用——藤本清二郎
近世の巨大地震——矢田俊文
江戸時代の孝行者 「孝義録」の世界——菅野則子
死者のはたらきと江戸時代 遺訓・家訓・辞世——深谷克己
近世の百姓世界——白川部達夫
闘いを記憶する百姓たち 江戸時代の裁判学習帳——八鍬友広
江戸の寺社めぐり 鎌倉・江ノ島・お伊勢さん——原 淳一郎
江戸のパスポート 旅の不安はどう解消されたか——柴田 純
〈身売り〉の日本史 人身売買から年季奉公へ——下重 清
江戸の捨て子たち その肖像——沢山美果子
江戸の乳と子ども いのちをつなぐ——沢山美果子
歴史人口学で読む江戸日本——浜野 潔
エトロフ島 つくられた国境——菊池勇夫
江戸時代の医師修業 学問・学統・遊学——海原 亮
江戸の流行り病 麻疹騒動はなぜ起こったのか——鈴木則子
江戸幕府の日本地図 国絵図・城絵図・日本図——川村博忠
江戸の地図屋さん 販売競争の舞台裏——俵 元昭
踏絵を踏んだキリシタン——安高啓明
墓石が語る江戸時代 大名・庶民の墓事情——関根達人
近世の仏教 華ひらく思想と文化——末木文美士
江戸時代の遊行聖——圭室文雄
松陰の本棚 幕末志士たちの読書ネットワーク——桐原健真
龍馬暗殺——桐野作人
幕末の世直し 万人の戦争状態——須田 努
幕末の海防戦略 異国船を隔離せよ——上白石 実
幕末の海軍 明治維新への航跡——神谷大介
江戸の海外情報ネットワーク——岩下哲典
幕末日本と対外戦争の危機 下関戦争の舞台裏——保谷 徹

近・現代史

江戸無血開城 本当の功労者は誰か?——岩下哲典

歴史文化ライブラリー

歴史文化ライブラリー

首都防空網と〈空都〉多摩——鈴木芳行
帝都防衛 戦争・災害・テロ——土田宏成
陸軍登戸研究所と謀略戦 科学者たちの戦争——渡辺賢二
帝国日本の技術者たち——沢井 実
〈いのち〉をめぐる近代史 堕胎から人工妊娠中絶へ——岩田重則
強制された健康 日本ファシズム下の生命と身体——藤野 豊
戦争とハンセン病——藤野 豊
「自由の国」の報道統制 大戦下の日系ジャーナリズム——水野剛也
海外戦没者の戦後史 遺骨帰還と慰霊——浜井和史
学徒出陣 戦争と青春——蜷川壽惠
沖縄戦 強制された「集団自決」——林 博史
陸軍中野学校と沖縄戦 知られざる少年兵「護郷隊」——川満 彰
沖縄からの本土爆撃 米軍出撃基地の誕生——林 博史
原爆ドーム 物産陳列館から広島平和記念碑へ——頴原澄子
戦後政治と自衛隊——佐道明広
米軍基地の歴史 世界ネットワークの形成と展開——林 博史
沖縄 占領下を生き抜く 軍用地・通貨・毒ガス——川平成雄
考証 東京裁判 戦争と戦後を読み解く——宇田川幸大
昭和天皇退位論のゆくえ——冨永 望
ふたつの憲法と日本人 戦前・戦後の憲法観——川口暁弘
鯨を生きる 鯨人の個人史・鯨食の同時代史——赤嶺 淳
文化財報道と新聞記者——中村俊介

文化史・誌

落書きに歴史をよむ——三上喜孝
霊場の思想——佐藤弘夫
跋扈《ばっこ》する怨霊 祟りと鎮魂の日本史——山田雄司
将門伝説の歴史——樋口州男
藤原鎌足、時空をかける 変身と再生の日本史——黒田 智
変貌する清盛 『平家物語』を書きかえる——樋口大祐
空海の文字とことば——岸田知子
日本禅宗の伝説と歴史——中尾良信
水墨画にあそぶ 禅僧たちの風雅——高橋範子
観音浄土に船出した人びと 熊野と補陀落渡海——根井 浄
殺生と往生のあいだ 中世仏教と民衆生活——苅米一志
浦島太郎の日本史——三舟隆之
〈ものまね〉の歴史 仏教・笑い・芸能——石井公成
戒名のはなし——藤井正雄
墓と葬送のゆくえ——森 謙二
運 慶 その人と芸術——副島弘道
ほとけを造った人びと 止利仏師から運慶・快慶まで——根立研介
祇園祭 祝祭の京都——川嶋将生
洛中洛外図屏風 つくられた〈京都〉を読み解く——小島道裕

歴史文化ライブラリー

化粧の日本史 美意識の移りかわり——山村博美
乱舞の中世 白拍子・乱拍子・猿楽——沖本幸子
神社の本殿 建築にみる神の空間——三浦正幸
古建築を復元する 過去と現在の架け橋——海野 聡
大工道具の文明史 日本・中国・ヨーロッパの建築技術——渡邉 晶
苗字と名前の歴史——坂田 聡
日本人の姓・苗字・名前 人名に刻まれた歴史——大藤 修
数え方の日本史——三保忠夫
大相撲行司の世界——根間弘海
日本料理の歴史——熊倉功夫
吉兆 湯木貞一 料理の道——末廣幸代
日本の味 醤油の歴史——林 玲子・天野雅敏 編
中世の喫茶文化 儀礼の茶から「茶の湯」へ——橋本素子
天皇の音楽史 古代・中世の帝王学——豊永聡美
流行歌の誕生 「カチューシャの唄」とその時代——永嶺重敏
話し言葉の日本史——野村剛史
「国語」という呪縛 国語から日本語へ、そして〇〇語へ——川口 良・角田史幸
柳宗悦と民藝の現在——松井 健
遊牧という文化 移動の生活戦略——松井 健
マザーグースと日本人——鷲津名都江
金属が語る日本史 銭貨・日本刀・鉄炮——齋藤 努
書物と権力 中世文化の政治学——前田雅之
書物に魅せられた英国人 フランク・ホーレーと日本文化——横山 學
災害復興の日本史——安田政彦

民俗学・人類学

日本人の誕生 人類はるかなる旅——埴原和郎
倭人への道 人骨の謎を追って——中橋孝博
神々の原像 祭祀の小宇宙——新谷尚紀
役行者と修験道の歴史——宮家 準
幽霊 近世都市が生み出した化物——髙岡弘幸
雑穀を旅する——増田昭子
川は誰のものか 人と環境の民俗学——菅 豊
名づけの民俗学 地名・人名はどう命名されてきたか——田中宣一
番と衆 日本社会の東と西——福田アジオ
記憶すること・記録すること 聞き書き論ノート——香月洋一郎
番茶と日本人——中村羊一郎
踊りの宇宙 日本の民族芸能——三隅治雄
柳田国男 その生涯と思想——川田 稔

世界史

中国古代の貨幣 お金をめぐる人びとと暮らし——柿沼陽平
渤海国とは何か——古畑 徹
古代の琉球弧と東アジア——山里純一

歴史文化ライブラリー

アジアのなかの琉球王国――高良倉吉
琉球国の滅亡とハワイ移民――鳥越皓之
フランスの中世社会 王と貴族たちの軌跡――渡辺節夫
ヒトラーのニュルンベルク 第三帝国の光と闇――芝 健介
人権の思想史――浜林正夫
グローバル時代の世界史の読み方――宮崎正勝

各冊一七〇〇円～二〇〇〇円(いずれも税別)
▽残部僅少の書目も掲載してあります。品切の節はご容赦下さい。
▽品切書目の一部について、オンデマンド版の販売も開始しました。
詳しくは出版図書目録、または小社ホームページをご覧下さい。